品类称王战略

张少华 著

电子工业出版社·
Publishing House of Electronics Industry
北京·BEIJING

图书在版编目（CIP）数据

品类称王战略 / 张少华著． -- 北京 ：电子工业出

版社 ，2025. 7. -- ISBN 978-7-121-50593-5

Ⅰ．F272.3

中国国家版本馆 CIP 数据核字第 2025H0C901 号

责任编辑：晋　晶
印　　刷：三河市良远印务有限公司
装　　订：三河市良远印务有限公司
出版发行：电子工业出版社
　　　　　北京市海淀区万寿路 173 信箱　　邮编：100036
开　　本：720×1000　1/16　　印张：14.75　　字数：236 千字
版　　次：2025 年 7 月第 1 版
印　　次：2025 年 7 月第 1 次印刷
定　　价：75.00 元

凡所购买电子工业出版社图书有缺损问题，请向购买书店调换。若书店售缺，请与本社
发行部联系，联系及邮购电话：（010）88254888，88258888。
质量投诉请发邮件至 zlts@phei.com.cn，盗版侵权举报请发邮件至 dbqq@phei.com.cn。
本书咨询联系方式：（010）88254199，sjb@phei.com.cn。

走向品类制高点的战略路径

在商业竞争日益激烈的今天，如何让企业脱颖而出并实现可持续增长，成为每位企业家的核心命题。作为少华老师的硕士研究生导师，我很欣慰地看到他在《品类称王战略》一书中提出的理论和实践框架，为这一命题提供了富有洞见的答案。

品类制胜是提升品牌营销竞争力的有效途径。从消费者行为学角度看，品类认知会影响客户购买的决策路径。少华老师的品类称王理论恰到好处地抓住了这一本质，将品牌塑造与品类制胜有机结合，形成了一套系统的方法论。这与我多年来研究的客户感知模式和品牌打造的诸多思考不谋而合。

本书最具价值的是将营销的一些理论落地为具体的方法论和实操体系：从抢品类、抢定位、抢爆品到霸品牌、霸营销、霸品类，少华老师通过大量生动的案例，展示了品类称王战略在不同行业、不同企业成长阶段的实施路径。这些方法不是纸上谈兵，而是经过市场检验的实战智慧。

作为营销学者，我很欣赏少华老师对品类与品牌关系的深刻洞察。品类是认知的起点，品牌是认知的载体，两者的辩证统一构成了市场竞争的核心。在当下全媒体时代，谁能在客户心智中构建品类优势，谁就能在激烈的市场竞争中占据先机。

从我的学生到如今的商业战略专家，少华老师的成长令我骄傲。他不仅致力于系统总结中国企业的一些管理创新实践，更注重融合全球视野和本土智慧，积极参与到为中国企业提供从模仿者到引领者的蜕变路径的探索和实践之中。

衷心期望《品类称王战略》能够启发更多企业家的战略思维，助力中国企业在全球市场上赢得更大的竞争优势。

北京大学国家发展研究院 BiMBA 商学院前院长、发树讲席教授

张黎博士

品类制胜：中国企业全球竞争的战略支点

　　少华老师的《品类称王战略》问世正逢其时。当今世界正经历百年未有之大变局，中国企业面临着前所未有的挑战与机遇。在这样的历史节点上，如何构建中国企业的全球竞争优势，是每一位企业家和战略研究者必须思考的课题。

　　品类称王理论的核心价值在于重构了企业竞争的逻辑起点。传统市场竞争模式多聚焦于产品和价格层面，而少华老师敏锐地洞察到，在信息过载的时代，争夺的核心战场已经转向客户的心智资源。谁能在客户心智中建立品类壁垒，谁就能掌握市场竞争的主动权。这一洞察与我多年来研究的国际政治经济学理论有着异曲同工之妙——无论是国家还是企业，都需要构建自身的战略支点和不可替代性。

　　从国际政治经济学的视角看，品类称王战略提供的是一种"软力量"构建路径。正如一个国家需要在国际体系中确立自己的不可替代性一样，企业也需要在全球价值链中确立独特的品类地位。这种品类优势一旦形成，就如同国家在某一领域形成制度性话语权，能够为企业带来持久的竞争优势。

　　书中提出的"先抢再霸"品类称王路径对中国企业具有特殊意义。随着中国经济从高速增长阶段转向高质量发展阶段，从模仿到创新的转型已是大势所趋，品类称王战略正是这一转型的有效路径。

　　少华老师的理论建构既有深厚的学术基础，又有丰富的实践检验，是理论与实践完美结合的典范。我相信，《品类称王战略》将成为中国企业走向世界的重要战略指南，助力中国企业在全球竞争中赢得更大的话语权。

中国人民大学区域国别研究院院长，国际关系学院副院长、教授

翟东升

从实践到方法论：一部真正落地的战略指南

作为一名致力于商业课程打磨的专家，我接触过无数商业理论和方法论。然而，能真正做到理论扎实、方法可行、效果可见的著作却凤毛麟角。少华老师的《品类称王战略》恰恰是这样一部难得的佳作。

本书最打动我的是其严谨的逻辑体系和鲜明的方法导向。从抢品类、抢定位、抢爆品到霸品牌、霸营销、霸品类，少华老师构建了一套完整的品类称王战略体系。每一个概念都经过精心提炼，每一个方法都附有清晰的操作指南，让读者不仅能理解"是什么"，更能掌握"怎么做"。这正是商业知识真正落地的关键所在。

在磨课学院的实践中，我深知一门好课程的标准是能否解决学习者的真实问题。同样，一本好的商业书籍也应当能为企业提供切实可行的解决方案。《品类称王战略》通过大量鲜活的案例和翔实的操作指南，搭建了理论与实践之间的桥梁，真正做到了知行合一。

特别值得一提的是，少华老师的品类称王理论并非凭空想象，而是建立在对中国市场深刻洞察的基础上。他将西方经典营销理论与中国企业的实际情况相结合，创造性地发展出适合中国企业的品类战略体系。这种本土化的创新正是中国商业理论发展的必由之路。

作为一位长期关注商业知识传播的教育者，我认为《品类称王战略》不仅是一本商业指南，更是一部难得的教材级著作。它将复杂的商业理论转化为清晰的方法论，为企业家、营销人员和商学院学生提供了宝贵的学习资源。

期待《品类称王战略》能够启发更多企业家的战略思维，助力中国企业实现从量的扩张到质的飞跃。

中国商业课程打造专家，磨课学院联合创始人兼首席导师

夏晋宇

心智竞争时代的品类制胜之道

在从事媒体与广告行业的二十余年里，我亲眼见证了无数品牌的兴衰成败。有的品牌昙花一现，有的品牌则基业长青。究其根本，那些能够长期占据市场主导地位的企业，往往不是简单地在做品牌，而是在创造和定义品类，这正是少华老师在《品类称王战略》中所深刻阐述的核心思想。

作为分众传媒的创始人，我深知客户心智资源的稀缺性与争夺的激烈程度。在信息过载的时代，能否在客户心智中占据一席之地，已成为品牌成败的关键。少华老师的品类称王理论，正是抓住了这一本质，提出了一套系统的心智占位方法论。

《品类称王战略》最令人称道的是其对媒体传播与品类建设关系的深刻洞察。在全媒体时代，品类认知的建立离不开精准的传播策略。少华老师不仅阐述了品类创建的思路，更系统地提出了品类传播的方法，从媒体选择、信息构建到传播节奏，都给出了切实可行的指导。

我尤其赞同书中关于"抢品类"的论述。在同质化严重的市场环境中，抢占一个强品类并占据认知，往往比产品本身的差异更具决定性意义。这一洞察与我们在分众传媒的实践经验不谋而合——真正成功的广告不是传播产品特性，而是在客户心智中建立独特的品类认知。

少华老师的品类称王理论不是纸上谈兵，而是经过市场检验的实战智慧。书中分析的众多案例，既有大企业的战略布局，也有创业公司的破局之道，为不同体量、不同发展阶段的企业提供了切实可行的策略指导。

在当前市场竞争日益激烈的环境下，《品类称王战略》无疑将成为企业突围的重要指南。相信本书将帮助更多中国企业在心智竞争的战场上赢得先机。

分众传媒（股票代码：002027）创始人、董事局主席

江南春

品类称王：从瓜子到坚果的战略突围

作为从一颗瓜子起家的企业领导者，我对品类称王战略有着深切的体验与共鸣。少华老师的《品类称王战略》不仅验证了洽洽多年来的成功实践，更为我们的未来发展提供了系统的思考框架。

休闲食品行业变化快、竞争激烈，如何在众多品牌中保持领先地位，是我们不断思考的命题。少华老师提出的品类称王理论，为企业制定战略提供了清晰指引。他指出，真正的竞争优势不是来自短期的营销手段，而是源于对品类认知的深度占领与创新。这一洞察在洽洽三十余年的发展历程中得到了充分印证。

洽洽最早专注于瓜子单品，通过工艺创新和品质提升，确立了"中国瓜子第一品牌"的市场地位。正如少华老师所言："深耕单一品类，才能成为真正的王者。"在此基础上，我们密切关注消费趋势变化，抓住健康饮食兴起的机遇，战略性布局每日坚果品类。我们没有简单复制国外产品模式，而是结合中国消费者的习惯，通过创新包装和配方，打造了具有本土特色的坚果产品线。这正是书中强调的"先抢再霸"策略在实践中的生动体现。

少华老师关于品牌与品类协同发展的论述，对洽洽的品牌扩张战略提供了重要指导。从单一瓜子品牌到多元化休闲食品平台，洽洽始终坚持以核心品类为基础，通过有序扩张实现品牌价值的整体提升。

我特别欣赏少华老师方法论的实用性，书中提供的抢品类、抢定位、抢爆品、霸品牌、霸营销、霸品类的具体方法和工具，为洽洽进军新品类提供了可操作的行动指南。从线下渠道深耕到全渠道布局，从传统媒体营销到新媒体传播，洽洽的每一步发展都印证了品类称王战略的重要性。

衷心推荐《品类称王战略》给所有志在成为各自领域"品类冠军"的企业家们。相信本书将成为企业战略的实战指南，助力更多中国企业在激烈的市场竞争中突出重围，实现从模仿者到引领者的转变。

洽洽食品（股票代码：002557）董事长

陈先保

推荐序 6

传统餐饮的品类称王之道

作为一家拥有百年历史的餐饮企业掌舵者，我深知在传统行业中创新的重要性与挑战性。少华老师的《品类称王战略》不仅让我产生了强烈的共鸣，更为同庆楼未来的发展提供了全新的思路与方法。

餐饮行业根植于地方文化，如何在传承徽菜精髓的同时实现创新突破，是我们一直探索的课题。少华老师提出的品类称王战略，为传统餐饮的创新转型提供了系统的方法论。在当今餐饮市场，要获得持续竞争力，必须超越单纯的口味创新，转而关注整体餐饮体验和品类认知的塑造。这一观点在需求升级的时代背景下尤为重要——现代消费者不再只看重菜品味道，而是期待与特定场景相匹配的综合用餐体验。

书中关于"先抢再霸"的论述给了我特别的启发。同庆楼从传统徽菜起步，逐步拓展到"徽菜＋融合菜"的多元化布局，正是这种战略思维的体现。餐饮本质上是一种场景消费，我们根据不同的消费场景创造了不同层次的品牌矩阵，满足了从家庭聚餐到商务宴请的多样化需求，这也印证了少华老师"场景决定品类"的观点。

《品类称王战略》的另一大亮点是对品牌与品类关系的深刻阐述。对于同庆楼这样的百年老字号而言，如何在坚守传统烹饪技艺的同时拥抱现代餐饮管理，是我们不断思考的课题。少华老师的理论提供了一条清晰的路径——以传统为根基，以创新为方向，通过品类创新实现传统与现代的完美融合。

作为一名实践者，我尤其欣赏少华老师这套方法论的可操作性。书中提供的抢品类和品类传播策略，都具有很强的实用价值，为餐饮企业提供了从理念到落地的全流程指导。同庆楼在安徽、江苏、上海等地的成功拓展，正是这些策略在实践中的生动体现。

《品类称王战略》是一本难得的实战指南，它将帮助传统企业突破创新瓶颈，在新环境中找到符合自身特点的新品类机会。我由衷地向所有致力于让传统企业焕发新生的企业家们推荐本书，它必将成为引领中国品牌走向新时代的重要思想指引。

同庆楼（股票代码：605108）董事长

沈基水

品类称王：民企突围的制胜之道

　　十多年来，我与少华兄相知相携，共同见证了中国民营企业的成长与蜕变。在这个商业模式快速迭代的时代，企业的核心竞争力究竟是什么？答案在《品类称王战略》中得到了系统阐释。

　　少华兄深谙企业发展之道，将多年实战经验凝练为独到的品类称王战略体系。从抢品类、抢定位、抢爆品到霸品牌、霸营销、霸品类，构建了一套完整的企业成长方法论，这与我们博商多年来倡导的"落地实践、陪伴成长"理念不谋而合——真正的成长不是简单扩张，而是战略升维。

　　作为多年的挚友，我见证了少华兄将这套方法论成功应用于数百家企业的实践。让我印象最深的是我们共同服务的客户案例，通过品类重构，不仅实现了业绩倍增，更显著提升了客户满意度，打造了持久的竞争优势。

　　《品类称王战略》不是纸上谈兵，而是经过市场检验的实战智慧。在这个产品同质化严重的时代，唯有在客户心智中构建独特的品类认知，企业才能真正突围。这正是少华兄理论的核心价值所在。

　　衷心推荐本书给所有渴望突破的企业家们。相信通过对品类先抢再霸的战略重构，中国民企必将迎来更加辉煌的明天！

博商管理科学研究院创始人、院长

曾任伟

推荐语

在电子制造服务领域，雅葆轩电子能够从众多竞争对手中脱颖而出，品类战略功不可没。少华老师的《品类称王战略》为我们指明了从"产品思维"向"品类思维"转变的重要性，帮助我们在激烈的市场竞争中聚焦 PCBA 电子制造服务品类。作为少华老师总裁班的学员，我有幸将书中理论应用于企业实践，取得丰硕成果。少华老师的方法论既有理论高度，实操性又强，是每一位渴望突破的企业家的必读之作！

雅葆轩（股票代码：870357）董事长

胡啸宇

在休闲食品领域的激烈竞争中，溜溜梅之所以能够脱颖而出，关键在于我们聚焦青梅零食品类并持续创新。少华老师的《品类称王战略》深刻阐述了品类领导者的竞争优势，为企业提供了系统的品类称王方法论。书中对客户心智资源争夺的分析尤为精彩，点明了企业竞争的本质。对于任何希望在同质化严重的市场中突围的企业而言，这都是一本不可多得的战略指南，值得反复研读与实践。

溜溜果园集团股份有限公司董事长

杨帆

在日用品行业，富光水杯能够长期保持市场领先地位，得益于我们对品类制胜的不懈追求。少华老师的《品类称王战略》从理论高度总结了品类竞争的规律，为企业提供了清晰的战略路径。在产品同质化日益严重的市场环境中，唯有掌握品类称王之道，才能持续领跑。推荐每一位渴望突破的企业家认真研读这本战略指南，相信它会为企业发展带来全新的思考维度。

富光实业股份有限公司总经理

王毅

在钢材行业的激烈竞争中，富凯特材能够成功转型，关键在于我们找准了"特种金属合金钢"这一细分品类的突破口。少华老师的《品类称王战略》为我们指明了从"产品竞争"向"品类主导"转变的关键路径。作为总裁班的学员，我将书中的"先抢再霸"理论应用于企业实践，取得了显著成效。少华老师的方法既有战略高度，又有落地工具，帮助我们在纷繁复杂的市场中找到了清晰的发展方向。本书是每一位企业家的必读之作！

安徽富凯特材有限公司总经理

林立洲

在传统纺织行业，裕华纺织能够在激烈竞争中保持领先地位，得益于我们对"亚麻混纺布"品类的抢占和聚焦。少华老师的《品类称王战略》为我们企业的发展思路提供了全新视角，帮助我们构建了难以复制的心智壁垒。作为总裁班学员，我深刻体会到品类称王战略对企业发展的决定性作用。书中提出的"先抢再霸"方法论，更是为我们的未来布局提供了清晰路径。这是一本真正能改变企业命运的战略指南！

安徽裕华纺织有限公司董事长

刘国华

通过品类战略的辅导，翎美找准了"鹅毛球更耐打"这一细分品类的突破口，让我们重新认识到品类和定位的关键价值。学习实践期间，我深刻体会到品类思维的力量，"只要是翎美的，就是耐打的"——这一简单而明确的心智占位，帮助我们在竞争激烈的市场中赢得了客户的信任与青睐。少华老师这部战略著作不仅开阔了我们的视野，更为企业提供了从同质化竞争中突围的实用指南，真正做到了理论与实践的完美结合！

安徽翎美体育用品有限公司董事长

潘庆好

股权是企业的基因密码，而品类则是企业的发展蓝图。《品类称王战略》从品类角度重构了企业发展逻辑，与我研究的股权设计理论形成了完美互补。少华老师敏锐地指出，品类领导者往往能够获得资本市场的青睐，这背后是心智占位带来的壁垒价值。对于创业企业，清晰的品类战略是吸引投资的关键；对于成熟企业，它是实现价值倍增的支点。本书从战略高度阐述了品类称王与企业价值增长的内在逻辑，是企业家与投资人必备的战略指南。

股权设计专家

宋俊生

在存量博弈时代，获客转化是企业生存的核心命题。作为"超级转化率"提出者和深耕者，我深知在流量红利消退的当下，单纯依靠渠道和价格已难以构建持久的竞争优势，唯有在客户心智中建立独特的品类壁垒，才能持续增长。少华老师的《品类称王战略》提出了以"先抢再霸"为核心的全新转化路径，通过系统的方法论和丰富的案例，为企业打造高转化率的心智模型提供了清晰指南，是每一位追求营销突破的实战者必读之作。

"超级转化率特种兵"，畅销书《超级转化率》作者

陈勇

企业价值的本质是未来现金流的折现，而品类壁垒则是保障未来现金流的最坚实基础。少华老师的《品类称王战略》从市值管理的角度重构了企业战略框架，指出品类领导者往往能获得市场的溢价认可。本书最令人耳目一新的是将品类战略与资本运作有机结合，从品类壁垒到品类延展，再到品类矩阵，一步步构建企业的增长飞轮，这恰恰是市值提升的关键路径。对于任何希望在资本市场获得认可的企业而言，《品类称王战略》提供了一套系统的价值创造方法论，值得深入研读。

市值管理专家

徐朝华

知识的价值在于传播与应用。少华老师的《品类称王战略》是一部将深刻理论转化为实战方法的杰作。作为磨课学院创始人，我亲眼见证了这部作品从构思到成型的全过程。少华老师不仅融合了经典营销理论与前沿商业洞察，更通过严格的教学实践验证了每一个方法的有效性。书中提出的"先抢再霸"理论为企业提供了清晰可行的战略路径。在信息过载时代，本书能够帮助企业在客户心智中

建立鲜明认知的方法论，无疑具有划时代的意义。推荐所有渴望突破的企业家阅读这本战略宝典。

磨课学院创始人

黑鲨

在品牌领域深耕多年，我深知品类对企业突围的关键作用。少华老师的《品类称王战略》将复杂的战略问题简化为可操作的方法体系，他的"先抢再霸"理论，与我多年实践的心得不谋而合。在当今需求升级的大背景下，企业竞争已从产品力转向了认知力。本书为中国企业提供了清晰的品类制胜路径，是真正落地的战略指南，值得每一位追求品牌突破的企业家深读。

品牌联盟董事长

王永

目录

告别内卷　走向称王

"市场越卷，越要会玩。"

企业经营的本质

在当今产品同质化、竞争白热化的商业环境中，为什么有的企业陷入增长困境，而有的企业却能逆势崛起？为什么在同样的行业中，有的企业在内卷中苦苦挣扎，而有的企业却能轻松称王？

"管理学之父"彼得·德鲁克先生曾经说过一句经典名言："企业存在的目的就是创造客户。"这句话深刻揭示了企业经营的根本属性和核心使命。

当我们深入思考这句话的内涵时，就会发现它与当下企业面临的内卷困境有着直接的关联。真正能够突破内卷困境的，不是盲目扩张，不是打价格战，不是跟风模仿，而是回归企业经营的本质——创造客户。企业需要为客户提供独特且不可替代的价值，在市场中建立自己的差异化优势。

创造客户的三重境界

在当今市场竞争中，您是否感到疲于奔命却收效甚微？每天忙于拜访客户，却常常碰壁；价格战不断加剧，利润被不断压缩；营销费用年年增加，效果却越来越差；大量广告投放，却无法留下品牌印记……这些困境是否让您夜不能寐？

这一切都源于企业处于创造客户的低级境界。

企业创造客户有三重境界。企业所处境界决定了其在市场中的地位和话语权。

第一重境界：跪着—你找客户—靠推销

这是最低级的境界。企业不得不主动出击寻找客户，依靠不断的推销和促销来维持生存。企业疲于奔命，却收效甚微——这是大多数企业的现状。它们关注的是"卖点"，即如何向客户推销产品。

一位白酒企业老板告诉我："我们每年花几千万做广告、搞促销，但效果越来越差。市场上有几百个品牌，客户根本记不住我们。"

第二重境界：站着—客户找你—靠定位

达到这一境界的企业已经建立了有效的品牌定位，客户会主动寻找并购买其产品。企业不再疲于推销，而是专注于提升产品价值和客户体验。它们关注的是"买点"，即客户为什么要购买产品。

凭借"高品质、便捷、性价比高"的品牌定位，瑞幸改变了中国人喝咖啡的习惯。客户无需被劝说，便会主动下单，因为他们认同瑞幸提供的价值——既有品质保证，又比星巴克经济实惠。

第三重境界：躺着—非你不可—靠战略

这是最高的境界。企业在特定品类中建立了绝对领导地位，成为客户的首选，甚至是唯一选择。它们制定行业规则，引领行业发展，享受品类溢价。它们关注的是"要点"，即为什么客户非你不可。

在国内企业协作工具市场，钉钉已经成为许多公司的必选项。"打卡用钉钉"几乎成为职场人的共识，企业在选择办公协作工具时，钉钉往往是首先考虑的平台。

战略如此重要，那么什么是战略？

战略就是明确"只做什么，不做什么"，在竞争中做出取舍。取舍的标准越高，战略就越有效。

好战略的标准——品类称王

真正的战略不是盲目扩张，也不是追求做更多的事情，而是在竞争中做出明智的取舍——明确"只做什么，不做什么"。在众多战略选择中，有一种战略已被反复验证，能够帮助企业从"跪着寻找客户"跃升到"躺着创造客户"的高级境界，那就是本书将要详细阐述的"品类称王战略"。

品类：决定企业命运的关键变量

什么是品类

简单来说，品类是能够影响客户购买决策的分类。它直接决定了客户如何认知产品，如何做出选择，以及企业如何在市场中定位。

让我们做一个小测试。

当你想购买一台空调时，最先想到的品牌是什么？很可能是格力或美的。

当你想购买一台扫地机器人时，最先想到的品牌是什么？很可能是科沃斯或石头。

当你想购买一瓶可乐时，最先想到的品牌是什么？很可能是可口可乐或百事可乐。

这就是品类在起作用。每个品类在客户心智中都有自己的"第一品牌"，而这个位置一旦被占据，就极难撼动。

一个企业选择进入哪个品类，往往决定了它未来发展的上限。

然而，并非所有的分类都能成为有效的品类。真正有效的品类必须满足三大原则。

是客户视角，不是企业视角

品类必须从客户需求出发，而非企业自身角度。

例如，白酒在企业视角可能按香型分类（酱香、浓香、清香等），而在客户视角则更关注价格（100~300元、300~800元、800~2000元等）和品牌。客户购买白酒时，很少会说"我想要一瓶酱香型白酒"，而更可能会说"我要买一瓶800元左右的或者某品牌的白酒"。

是具象，不是宽泛

有效的品类必须具体明确，而非笼统宽泛。

"白电""厨电"这样的概念对客户来说过于宽泛。客户不会说"我要买一台白电"，而会说"我要买一台冰箱、洗衣机或空调"。品类越具体，客户的认知就越清晰。

是符合认知，不是复杂概念

品类应当符合客户已有认知，易于理解和记忆，而非晦涩难懂的专业术语。

以保健品行业为例，客户很难理解"多糖体""黄酮素""多酚"等专业术语，但他们能清晰理解"增强免疫力""改善睡眠""缓解疲劳"这样的功能表述。品类的命名和定位需要与客户的认知和语言体系相匹配，而非停留在专业层面。

称王：用标准和价值赢得客户心智

在商业竞争中，很多企业梦想成为第一，但我要告诉你的是——仅仅成为第一远远不够，真正的目标是称王。

什么是称王

称王是在品类中建立持久的领导地位，用标准和价值赢得客户心智，形成不可撼动的竞争优势。真正的品类之王必须满足以下标准。

是心智称王，不是仅看销量

格力可能某个月或某个季度销量不是第一，但在客户心智中，提到空调时，第一反应仍然是格力。这种心智占位比短期销量更有价值，因为它保证了长期的客户流量和品牌溢价。

是标准称王，不是跟随大流

品类之王不跟随大流，而是创造潮流，制定行业标准。

戴森定义了什么是高端吹风机；小米定义了什么是性价比手机。当你能够定义品类标准时，竞争对手就只能在你设定的规则下竞争。

是价值称王，不是价格竞争

真正的品类之王不靠价格战获取市场，而是通过独特价值获得客户认同。

苹果不降价，海底捞不搞特价。它们靠的是客户对其核心价值的认同，而非价格诱惑。当客户认同你的价值时，价格就不再是决定性因素。

为什么要品类称王

在商场上，做第二名的企业常常比第一名更辛苦，却只能获得一半甚至更少的回报。这是我在多年咨询工作中的深刻发现。当一家企业在某个品类中称王后，它不仅会获得市场份额的领先，更会获得一系列超越常规的商业红利，我将其称为"躺赢、躺富、躺贵"三大红利。

躺赢：不愁销量，客户主动上门

品类领导者在客户心智中占据主导地位，客户会主动寻找，无需大量营销费用。渠道商争相合作，甚至接受更低利润率，因为品类之王能带来持续客流。新品发布自然获得媒体关注和客户讨论，形成良性循环——更多声量带来更多销售，更多销售产生更多口碑，更多口碑又创造更多声量。

与此形成鲜明对比的是，那些未能在任何品类中建立领导地位的企业，销售之路异常艰难。它们必须投入巨大的营销费用，却难以获得相应回报。渠道商对这些非头部品牌要求苛刻，上架费、促销费高昂，却无法保证销量。这些企业只能四处推销，营销投入产出比持续走低，每一分销售增长都来之不易，获客艰难。

躺富：不愁利润，定价自主可控

成为品类之王后，企业拥有了定价权，即使价格高于竞争对手，客户仍愿意买单，因为他们已经接受了这一品牌设定的品类标准。同时，规模效应带来更低的采购成本和单位固定成本，使品类之王即使在行业下行期也能保持盈利。研发投入的转化效率也显著提高，创新成果更容易被市场接受并转化为实际价值。

相比之下，未能确立品类领导地位的企业常常陷入价格战的泥潭。它们只能通过不断降价来争取市场份额，最终导致整个行业利润率下滑。由于规模不足，这些企业的采购和生产成本居高不下，却无法通过产品溢价来弥补。它们投入研发资源后，常常发现创新难以获客户认可，投入与产出严重不成正比。

躺贵：不愁未来，红利持续性强

品类之王的品牌价值往往成为企业最重要的无形资产，其价值远超有形资产。资本市场也会给予品类领导者更高的估值倍数，因为投资者相信这些企业拥有更强的增长潜力和难以撼动的竞争壁垒。凭借领导地位，这些企业还能吸引更多高质量的战略合作伙伴，不断扩大自己的商业生态系统，进一步提升整体价值。

缺乏明确品类定位的企业则难以在客户心智中建立清晰印象，品牌价值难以累积和增长。投资者对这类企业的估值通常非常谨慎，导致融资困难、估值低迷。没有品类领导优势作为支撑，这些企业也难以吸引有影响力的合作伙伴，最终只能维持"生意模式"的状态，在发展道路上举步维艰，朝不保夕。

对品类领导者而言，三大红利之间形成了良性循环：销量优势奠定了利润基础，充足的利润又能投入品牌建设和创新中，进一步巩固市场领导地位，最终提升企业的整体价值和未来潜力。这种良性循环让领导者能够持续领先，并在市场环境变化时具备更强的抵抗风险能力。

而那些未能确立品类领导地位的企业，则陷入困境循环：销售困难导致规模受限，有限的规模引发价格战，价格战又进一步挤压利润空间，缺乏足够资金投入品牌和研发，最终使企业难以突破发展瓶颈，在市场中始终处于被动地位。

品类称王不只是一种商业战略，更是通向商业可持续发展的必由之路。真正的品类之王能在激烈的市场竞争中立于不败之地，享受长期的增长红利；而那些忽视品类战略的企业，即使暂时取得一定成绩，也难以在长期竞争中保持优势。

让我们来看两个鲜活的案例。

案例

"瓜子" 品类之王洽洽

在客户心智中，洽洽已经成为瓜子的代名词。无论竞争对手如何努力，洽洽的品类领导地位短期内难以撼动。

2024 年，洽洽食品总营收超 71 亿元，利润近 10 亿元，市值近 200 亿元。"好想你""三只松鼠"等竞争对手尽管也有瓜子产品，但在客户心智中，"瓜子 = 洽洽"的认知已经根深蒂固。

案例

"PCBA 电子制造解决方案" 品类之王雅葆轩电子

这家原本默默无闻的小企业，通过聚焦"PCBA 电子制造解决方案"这一细分品类，主要为消费电子、汽车电子、工业控制领域的客户提供专业服务，制造流程包括 BOM 优化、技术支持、电子装联和检验测试等，五年内从年销售 6000 万元增长到 6 亿多元，成功在北交所上市，成为天马微、德力西电气、和辉光电、龙腾光电、华星光电等显示及电气品牌商的首选。

无论行业多么成熟，无论竞争多么激烈，只要找准品类，精准定位，就有机会成为那个"王者"。而那些未能确立品类领导地位的企业，无论多么努力，都难以摆脱"四处推销、打价格战、生意模式"的困境。

称王路上的三大挑战

实现品类称王的道路并非坦途。在为众多企业提供咨询服务的过程中，我发现大多数企业在称王路上会面临三大关键挑战。

在哪称王：选对战场，找到品类机会

"这就像占山为王，首先要选对山头。"

选择合适的品类是称王的第一步，但在这个过程中，企业容易陷入以下陷阱。

热门赛道瞎跟风： 看到别人在某个领域成功，就贸然进入，却忽视了自身能力与品类需求的匹配度。

品类门槛被低估： 许多企业低估了在已有强势玩家存在的品类中建立地位的难度，导致投入大量资源却难以突破。

市场前景错判断： 对品类的未来发展过于乐观或悲观，都会导致战略失误。市场需求、竞争格局和技术发展都可能影响品类前景。

凭啥称王：定对特性，建立独特优势

"在竞争中，不是更好，而是不同。"

即使选择了正确的品类，如果没有独特的价值主张，也难以在竞争中脱颖而出。此时企业常常落入以下陷阱。

信息烦琐焦点失： 试图强调过多优势，结果客户什么都记不住。就像一个人不可能同时成为最快的、最强的、最聪明的，品牌也需要聚焦。

价值主张没讲明：拥有独特优势，却无法用客户能理解的语言表达出来，导致价值传递失效。

表达缺乏说服力：即使有清晰的价值主张，如果没有足够的证据支持，客户也难以相信。市场充斥着各种宣传，但客户越来越理性。

用啥称王：造对爆品，抢占品类认知

"品类之王依靠旗舰产品称王，而非产品线的平均水平。"

爆品是品类称王的加速器，但创造真正的爆品面临以下陷阱。

产品平淡不吸睛：与竞品相比缺乏显著差异，无法在客户心中留下深刻印象。爆品需要在至少一个维度上达到"惊艳"的程度。

客户痛点未扫清：产品功能丰富但都是"锦上添花"，而非"雪中送炭"，未能击中客户真正关心的核心问题。

传播推广不给力：产品本身优秀，但营销传播策略不当，导致市场知晓度低，无法形成规模效应。

这三大挑战不是孤立的，而是环环相扣的：正确的品类选择只是起点，独特的价值主张是脱颖而出的关键，而爆品则是快速称王的"催化剂"。

只有系统化应对这些挑战，企业才能在半年内破局，三年内称王，从品类的跟随者转变为真正的领导者。

案例

溜溜果园——从青梅称王到梅冻称王

溜溜果园是一家专注于青梅产业的企业，致力于青梅的科研、种植、加工和营销，建立了端到端的极致供应链能力，并成为青梅零食销量第一的品牌。面对主流零食赛道的激烈竞争，溜溜果园选择深耕小众但潜力巨大的青梅细分市场，避开红海竞争，精准定位青梅垂直品类，在细分领域建立了难以撼动的领导地位。

溜溜果园通过构建从种植到加工的全产业链布局，形成了独特竞争优势，遵循"哪里有梅子，就把工厂建在哪里"的原则，与高校研究机构合作培育新品种，提升原料品质，并通过九道蜜制加工工艺，打造出"含有多种天然有机酸"的价值主张。这种全链条掌控与工艺创新建立了难以复制的竞争壁垒，奠定了品牌在

客户心智中的独特地位。

随着市场洞察的深入，溜溜果园在巩固青梅休闲零食领导地位的同时，成功开创了"天然梅冻"新品类。这一战略调整完美展示了"用啥称王"的智慧——打造爆品，抢占品类认知。梅冻产品凭借其独特的口感和健康定位，结合"0防腐剂、0人工色素"的产品特性，精准击中客户对健康零食的痛点需求，赢得了广泛认可。

品类称王的陷阱——模仿战略

在商业竞争中，"模仿战略"是多数企业陷入平庸化的根源。其本质是通过"跟风生产"与"山寨模仿"追逐短期利益，最终沦为市场的替代品与影子品牌。

跟风生产：热卖即陷阱

当某个品类出现爆款时，企业盲目涌入生产线，试图分一杯羹。这种策略导致市场迅速饱和，产品同质化严重。典型案例是新能源汽车补贴热潮中，大量缺乏技术储备的企业跟风入场，最终在补贴退坡后集体退场。跟风者往往忽视核心问题：热卖品类的竞争格局与自身资源是否匹配。

山寨模仿：成功者的诅咒

模仿成功品牌的产品设计、营销话术甚至商业模式，看似降低了创新风险，实则陷入"永远慢半拍"的困境。智能手机行业中，某些品牌长期模仿头部玩家的外观与功能，始终无法突破"廉价替代品"的标签。山寨模仿战略的致命伤在于：客户永远选择原创者，而非追随者。

案例一

伯乐商学的至暗时刻

作为本书作者，我深知模仿战略的危害，因为我本人就曾是受害者。我曾在教育培训领域享受过品类红利——与北京大学合作的总裁班项目，年招生千人，业绩近亿元。作为当时的"北大总裁班"这一品类中的重要玩家，我购置了城市地标建筑的整层楼作为教学场地，甚至配备了价值300多万元的迈巴赫专车接送老师。

在这个阶段，我感觉自己已经站在了行业的制高点。每一个细节都彰显着成功：豪华的教学环境、奢华的接送服务、响亮的北大品牌。企业老板争相报名，我的团队每天都在忙于接待和服务。那是一段看似风光无限的黄金岁月，每一个细节都折射着成功的光芒。

我清晰记得，当时的培训现场总是座无虚席，北大的光环为我的培训项目增添了无可比拟的光泽。每一期课程都供不应求，报名的企业甚至需要提前数月预订。我们的教学场地宽敞明亮，装修豪华，配备最先进的多媒体设备，俨然是一个商业精英的殿堂。

　　然而，繁荣背后潜藏着巨大的危机。2016 年，教育部政策变化，高校脱钩，我失去了北大品牌支持；同时，企业家需求从"名校光环、圈层经济"转向"解决实际问题"。市场变化如同一记重锤，瞬间击碎了我引以为傲的商业模式。

　　转型对我来说，不仅仅是一种商业选择，更是一场持续的心理煎熬。每一次推出新产品，我的内心都充满了不安和恐惧。那种战战兢兢、如履薄冰的感觉，仿佛站在悬崖边缘随时可能坠落。

　　面对这一困境，我采取了典型的"模仿战略"——推出一大堆咨询产品：管理咨询、股权咨询、财税咨询、阿米巴咨询、绩效咨询、工分制咨询、定位咨询……想法很简单：东方不亮西方亮，总有一款适合你。

　　夜深人静时，我常常盯着天花板，反复思考：为什么明明拼命工作，却感觉自己越来越失去控制？咨询产品像无根的浮萍，没有一个能真正扎根市场。团队对我的信心在逐渐消解，我能清晰地感受到他们眼神中的质疑和失望。

　　这个战略看似聪明，实则是慌不择路。我试图用数量来弥补质量的缺失，用广度来掩盖深度的匮乏。每一个咨询产品都像漂流在市场中的浮木，没有一个能真正抓住客户的核心需求。我的团队开始四处奔波，参加各种行业论坛，试图寻找新的突破口。但无论我们如何努力，市场的反馈都是冰冷和无情的。

　　那段日子，我几乎失去了创业者应有的自信。曾经的光环已经褪去，取而代之的是一种深深的自卑和迷茫。明明是行业内曾经的佼佼者，现在却像一个毫无章法的追随者，不停地模仿、不停地尝试，却始终找不到真正的方向。

　　为了解决持续性问题，我甚至进入完全陌生的 SaaS 管理软件领域，每年投入上千万元的研发资金。这个决定堪称模仿战略的教科书式案例：没有技术积累，没有行业洞察，单纯因为看到市场热潮就盲目投入。

　　2000 多万元的 SaaS 软件研发投入，就像一块悬在头顶的达摩克利斯之剑，每一笔开支都让我寝食难安。信心被一点点啃噬，取而代之的是持续的焦虑和恐惧。

　　近三年的努力，软件项目的投入血本无归，其他咨询产品也一地鸡毛。再加上疫情冲击，雪上加霜，三重叠加让我的事业从巅峰跌入低谷，晚上失眠，却难以向人倾诉。

　　有时候，我甚至怀疑自己的创业生涯是否已经走到了尽头。那种对未来的迷茫、对市场的失望，让我的内心几乎陷入绝望。每一个夜晚，失眠已经成为常态。

躺在床上，我反复问自己："我还能走出这个困境吗？"

为了解决问题，我遍寻"名医"。我知道问题出在战略上，所谓"方向不对，努力白费"。为此，我听遍了市场上热门的战略课，同时去北大求学。

转机来自一次与导师的深度交流。他问了我一个简单却刻骨铭心的问题："你做了这么多品类的产品，到底有哪一个品类能够成为客户心智中的第一？如果不能，那客户为什么选你？"导师那一个简单的灵魂拷问，就像为我内心的迷雾突然撕开了一道光。我终于意识到，模仿不等于成功，跟风模仿只会让自己越走越远。

这个问题如当头棒喝。我突然意识到，我所有的品类都不可能是客户心智中的第一，市场上早已有了比我更强的品牌。我不过是各个领域的"模仿者"，注定无法建立显著优势。

这是一个痛苦而深刻的领悟。模仿战略不仅不能带来成功，反而会消耗企业的核心资源，稀释品牌价值，最终让企业沦为市场的边缘角色。

📑 案例二

海底捞迷失在红海

海底捞的模仿阶段同样惨淡。1994年，张勇和施永宏在四川简阳开了第一家海底捞火锅店。当时的海底捞与其他火锅店几乎没有区别。

看到四川火锅受欢迎，海底捞就跟风开了一家普通火锅店。店面装修简陋，菜单设计平平，完全按照传统火锅店的样子来做。在一条街上十几家火锅店中，海底捞只是其中毫不起眼的一家。

看到小天鹅、德庄等火锅品牌成功，海底捞便模仿它们的底料配方和经营模式。菜品种类、桌椅摆设、服务流程，都是对其他成功火锅店的照搬照抄。没有自己的品牌个性，客户很难说出海底捞与其他火锅店的区别。"那段时间，我们每天讨论的不是创新，而是'隔壁店新上了什么菜，我们要不要抄'。"张勇说道。

结果这一阶段的海底捞只是区域性小品牌，仅在四川地区拥有有限的知名度。这种模仿战略让海底捞在区域市场中挣扎近十年，利润率长期低于行业平均水平。十几年时间只开了十几家店，生意时好时坏，远谈不上行业领先者。

模仿战略的严重后果

模仿战略看似一条捷径，实则是通往失败的滑梯。企业若选择盲目跟风，最终将面临三大致命后果。

杀利润： 当沦为模仿者时，企业必然面临利润不断被侵蚀的市场困境。大量资金被投入模仿竞争对手的产品和营销活动中，却难以获得相应回报。市场先行者已经建立了品牌认知和客户基础，后来者需要投入更多资金才能获得同等关注。

模仿者在销售过程中遭遇重重阻碍：渠道商对非头部品牌态度冷淡，上架费、促销费高昂，却无法保证销量；客户对模仿品牌认知模糊，缺乏购买动力；市场推广效果持续走低，转化率不断下降。企业不得不投入越来越多的营销费用，形成"获客成本持续上升，转化率不断下降"的恶性循环。

最终，模仿企业发现自己不断投入营销资源，却只能换来微弱的市场反应和低效的客户转化，如同在市场的汪洋大海中捞针，耗费巨大却收效甚微。

杀品牌： 盲目模仿导致的第二个严重后果是品牌价值的毁灭。由于缺乏差异化优势，模仿企业只能通过价格战来争夺市场份额，使整个行业陷入恶性价格竞争的泥潭。

产品同质化使客户难以辨识品牌间的区别，自然选择价格更低的选项。为抢占市场，企业不断降价促销，利润空间被层层压缩。随着价格战的升级，企业被迫削减成本，进一步降低产品品质，最终陷入"低价—低质—更低价"的下行螺旋。

杀品牌不仅侵蚀企业的利润基础，还破坏了品牌价值和行业生态。当价格成为唯一竞争手段时，企业失去了通过创新和价值提升获取溢价的能力，最终沦为无差异化的商品提供者，被永远困在低利润区间。

杀未来： 最具破坏性的后果是企业失去未来发展，生存状态极不稳定。缺乏核心竞争力的模仿者，容易受到市场波动、政策变化和竞争加剧的冲击，企业经营风险大幅提高。

连续的市场失利导致资金链紧张，企业难以支撑长期运营；团队士气受挫，创新动力枯竭，优秀人才流失；投资者信心不断下降，融资困难重重。更危险的是，随着行业创新节奏加快，模仿者的跟进速度越来越难以跟上领导者的创新步伐，差距不断拉大。

当陷入朝不保夕的困境时，即使市场环境好转，企业也难以抓住机会。一旦资金链断裂或核心团队流失，企业将面临突然倒闭的风险，多年积累付诸东流。

模仿战略不仅消耗企业的有限资源，更使企业丧失了发展所需的核心竞争力，最终让企业在激烈的市场竞争中难以立足，永远处于被动跟随的位置。只有敢于选择差异化战略，找到自己真正能够称王的领域，企业才能在竞争中脱颖而出，实现可持续发展。

品类称王的真谛——称王战略

面对激烈的市场竞争，企业需要摒弃"模仿战略"的陷阱，转而采取更为积极主动的"称王战略"。称王战略的核心在于从品类维度建立绝对领导地位，实现"客户选择我，而非我追逐客户"的商业理想。

称王战略的精髓可概括为"先抢再霸"，这是一套经过实战验证的系统方法论，旨在帮助企业半年破局，三年称王。

先抢：定义新品类规则

"先抢"就是要迅速抢占市场制高点，建立先发优势，主要体现为两个方面。

抢新品类机会：在未被满足的需求或技术变革中寻找空白。例如，元气森林抓住"无糖饮料"趋势，率先将赤藓糖醇引入气泡水，开辟健康饮品新赛道。

抢新品类特性：为品类赋予独特价值标签。戴森以"强劲气流"重新定义吹风机，将技术参数转化为客户可感知的"高端护发"体验。

再霸：垄断新品类认知

"先抢"只是第一步，要实现真正的品类称王，还需要"再霸"，即巩固和扩大先发优势。

霸新品类认知：通过饱和攻击占领心智。妙可蓝多持续在分众传媒投放广告，将"奶酪＝妙可蓝多"的等式植入家庭消费场景。

霸新品类营销：构建闭环营销生态。花西子以"东方美学"为核心，从产品设计到 KOL 种草、直播转化，形成文化符号与销售转化的双重壁垒。

称王战略直击模仿战略的软肋，从根本上改变企业在市场中的地位。模仿者永远只能分得市场领导者剩下的蛋糕，而称王者则能够主导市场规则，享受持续的品牌溢价和忠诚客户。

案例一

伯乐商学的品类称王实践

痛定思痛，我决定断臂求生，砍掉所有不能成为客户心智第一的业务，先找到那个"第一"。通过对市场的深入观察和对成功品牌的研究，我发现市场上虽然有众多营销、管理理论，却缺乏一套如何帮助企业找到细分品类机会并成为第一的系统方法论。

这是一个明显的市场机会点：企业都想在某个领域成为第一，但大多数人不知道怎么做。我们将这个机会点定义为"品类称王战略"，并成为首创者。这一决策意味着我们不再与传统咨询机构直接竞争，而是开辟了一个全新的赛道。团队着手梳理和提炼不同行业成功企业的共同规律，逐步形成了"先抢再霸"的方法论，即先抢占新品类机会和特性，再霸占新品类认知和营销。

我们为"品类称王战略"注入了独特内涵，将复杂的战略简化为"先抢再霸"四个字，提出了"半年破局、三年称王"的实施目标，并开发了一套实用的评估工具和实施方法。

定义了新品类后，团队面临的下一个挑战是如何在目标客户心智中建立强势认知。为此，我们构建了完整的"一课一书一IP"营销体系。

首先是"一课"。我们开发了"品类称王战略"方案班，这是一个为期三天两晚的沉浸式培训。课程设计了"学、练、演、评、行"五个环节，不仅传授理论知识，更注重实战应用。学员在课程中不仅能掌握方法，还能立即应用到自己的企业中。

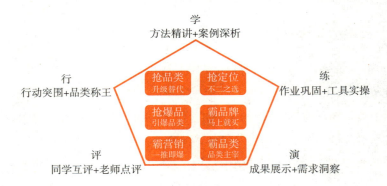

其次是"一书"。《品类称王战略》专著系统阐述了品类称王的理论与方法。这本书不仅成为商业书架上的一抹亮色，也为伯乐商学建立了专业权威形象。

最后是"一IP"。在线下通过与知名商学院合作开设课程，在线上通过短视频和直播传播品类称王理念，形成了多渠道的品牌影响力。

我们不再只是被动地响应市场需求，而是主动引领和定义市场。通过持续输出高质量的内容，我们在行业中逐渐建立了话语权。

品类称王战略的核心是创造而非争夺。在现有市场中争夺份额总是困难的，但如果你能定义一个新品类并成为领导者，成功的机会就大得多。

对于众多在激烈竞争中挣扎的企业来说，伯乐商学的经验提供了一条可行的出路：不是做得比竞争对手更好，而是做得与众不同；不是在他人的游戏规则中争夺，而是制定自己的游戏规则。

"先抢再霸"的方法论，正是这种战略思维的具体化。它提醒我们，商业成功不在于简单模仿，而在于差异化创新；不在于追逐热点，而在于发现和创造新机会。

案例二

海底捞开创蓝海

在观察到传统火锅店同质化严重、价格战激烈的情况下，张勇意识到：必须找到新的竞争维度，否则海底捞永远只能是众多火锅店中的平凡一员。

一次偶然的客户反馈让他恍然大悟：客户评价火锅好吃的标准很主观，但对服务的感受非常一致。如果能在服务上做文章，是否能开创全新的火锅品类？

海底捞大胆提出"服务型火锅"的全新品类概念，将火锅从单纯的餐饮体验升级为综合服务体验。

"服务大于美食"的颠覆性定位成为海底捞的核心特色。等位区不再只是等待的地方，而是提供免费零食、饮料、擦鞋、美甲服务的休闲空间。独创的"千里眼""顺风耳"服务管理系统确保每位客户都能得到及时关注。客户带小孩来吃饭，海底捞会安排专人陪伴照顾，解决家长们的后顾之忧。

海底捞成功建立了"服务至上"的品类核心认知，将火锅店从"吃的地方"重新定义为"享受服务的场所"。客户评价火锅店的标准从传统的"味道、价格、环境"转变为"服务体验"优先。海底捞创造了"超预期服务"的全新评判标准，其他火锅店只能被迫跟随。

海底捞几乎不做传统广告，而是依靠客户口口相传的服务故事。员工为过生日的客户跳舞、送面条等仪式感营销成为品牌标志。海底捞从价格战中彻底脱离，转向服务价值的传播与认知占领。

这一转变使海底捞从众多火锅品牌中脱颖而出，真正成为"服务型火锅"品类的领导者和定义者。从 2010 年到现在，海底捞从区域小品牌扩张为拥有数千家门店的全球连锁企业，市值超千亿元。最重要的是，当提及"服务好的火锅"时，人们第一个想到的永远是海底捞，海底捞实现了品类称王的目标。

品类称王带来的好处

实施"先抢再霸"的品类称王战略，企业将获得三大核心好处，这些好处恰好与模仿战略的三大致命后果形成鲜明对比。

客户价值双赢：当企业成为某一品类的领导者时，客户会主动寻找和购买产品，无需企业疲于推销。品类领导者通常享有"第一选择权"——当客户考虑购买该品类产品时，领导品牌自然成为首选。这种"心智优先权"会转化为稳定的市场份额和销售业绩。

品类称王企业往往能获得超过其实际市场份额的销量增长，这是因为客户心智中的领导地位会持续转化为购买行为。同时，客户也从中获得了优质产品和服务，形成企业与客户的双赢局面，建立了长期信任关系。

品牌价值倍增：品类称王不仅带来销量增长，更带来品牌价值的几何级增长。作为品类定义者和规则制定者，领导品牌拥有定价权，可以获得显著的价格溢价。

客户愿意为领导品牌支付更高的价格，因为他们相信领导品牌能提供更好的品质和价值。即使价格高于竞争对手，品类领导者依然能保持强劲销售，因为在客户心中，这些品牌代表着品类本身，是"不可替代"的选择。随着品牌影响力的扩大，企业的品牌价值倍增，在市场波动中展现出强大的抗风险能力，为企业创造持续的竞争优势。

团队价值激发：品类称王的最大优势在于能够激发团队的创造力和凝聚力。领导品牌在面对市场变化和竞争威胁时，拥有更强的韧性和适应能力。

首先，品类领导者通常拥有最忠诚的客户群，这些客户不仅反复购买，还会成为品牌的义务宣传员，激励团队不断创新。

其次，品类领导者在行业中拥有话语权和影响力，能够引领行业发展方向，甚至定义行业标准。这种影响力可转化为持续的创新能力和市场洞察，确保企业能够及时调整战略，应对市场变化。

最后，品类领导者往往能够建立强大的组织文化和团队凝聚力。团队成员因为是"第一"而感到自豪，士气高昂，创造力旺盛，不断推动企业向前发展。团队价值被充分激发，形成良性循环。

当实现品类称王时，企业就获得了一种难以撼动的市场地位，不再为未来的不确定性而焦虑，能够从容应对各种挑战，实现持续稳健的增长。

品类称王战略方法论
——先抢再霸，半年破局，三年称王

1.抢品类——升级替代

精准选定赛道，争得入局资格。

当你的企业在大市场中难以突围时，如何找到突破口？

品类选择决定了你的商业上限。选对品类，你将事半功倍；选错品类，你将事倍功半。我们从三个维度帮助企业找到最具潜力的品类机会。

心智出发：客户心智中存在大量尚未被占据的品类空缺，这些是品类创新的黄金机会。通过专业的心智调研，我们能够识别出这些客户已有需求但尚未被满足的品类空间。

市场出发：市场中存在许多需求旺盛但竞争相对较少的细分品类。通过需求与竞争的双重分析，我们能帮助企业找到那些"蓝海"机会，避开激烈的红海竞争。

技术出发：每个企业都有其独特的技术能力和资源优势，这些是开创新品类的基础。通过将企业核心能力与市场需求进行匹配，我们能够帮助企业基于自身优势开创新品类。

通过抢品类，企业能够避开与巨头的正面竞争，开辟自己的竞争赛道，从根本上解决同质化竞争的问题。

2.抢定位——不二之选

植入独特印记，扎根消费心智。

当市场上充斥着相似的产品和传播信息时，如何让客户记住你？

定位决定了你在客户心智中的独特位置。好的定位能让你在嘈杂的市场中脱颖而出，成为客户的首选。我们提供三种经过验证的定位策略。

对立第一：当某个品类已有强势领导者时，直接竞争往往难以取胜。通过与主流形成鲜明对比的定位策略，企业可以开辟新的认知空间，建立独特的市场地位。

特性第一：每个品类中都存在多个客户关注的特性，找到并占据其中最关键而又未被强占的特性，是建立差异化优势的有效路径。

地位第一：在特定领域或维度上确立第一位置，然后坚定不移地巩固与扩大这一领先优势，远比在大市场中作为普通竞争对手更具战略价值。

通过抢定位，企业能够在客户心智中建立清晰的认知锚点，有效解决客户注意力分散、难以记住品牌的问题。

3.抢爆品——引爆品类

打造爆款单品，实现市场突围。

当产品线不断扩张却难以出现爆款，资源越来越分散时，该如何突破？

爆品是品类称王的加速器。一个真正的爆品能够快速建立品牌知名度，带动整个品牌的高速成长。打造爆品需要聚焦三个关键要素。

超级单品：战略聚焦永远比资源分散更有效。通过集中资源打造明星产品，企业可以形成市场声量和规模效应，避免陷入产品线过度扩张导致的资源分散困境。

超级定价：价格不仅影响销量，更影响品牌定位和客户感知。科学的定价策略能够既体现产品价值，又保持市场竞争力，实现销量和利润的平衡。

超级背书：在信任缺失的市场环境下，强有力的产品背书能够有效降低客户的购买疑虑。无论是技术专利、权威认证还是客户见证，都能成为构建产品信任的关键元素。

通过抢爆品，企业能够实现资源的高效利用，打破销售增长瓶颈，迅速提升市场份额和品牌影响力。

4.霸品牌——马上就买

构筑品牌资产，实现自动成交。

当品牌建设投入巨大却难以转化为实际购买时，应该如何构建有效的品牌体系？

强大的品牌是持久竞争力的基础。真正有效的品牌能够降低客户的决策成本，促进即时购买。我们通过三步品牌构建法，帮助企业建立强势品牌。

取好名字： 品类名＋品牌名的组合是品牌识别的基础。清晰的命名能够帮助客户立即理解品牌定位，降低认知门槛。

视觉符号： 视觉识别是品牌记忆的关键。通过设计强有力的视觉符号，企业能够确保客户在众多选择中一眼识别并记住品牌。

传播口号： 有效的传播能够直击客户痛点，触发购买欲望。好的传播口号不仅容易记忆，更能促使客户从认知转化为行动。

通过霸品牌，企业能够建立持久的品牌资产，有效降低营销获客成本，培养稳定的品牌忠诚度。

5.霸营销——一推即爆

掌握高效营销，实现稳定增长。

当营销投入越来越高效果却越来越差时，该如何提升营销效率？

精准营销远比撒网式营销更有效。在注意力极度分散的今天，精准触达目标受众并引发自传播才是营销的未来。我们通过三步精准营销策略，帮助企业实现营销效率的最大化。

精准切入： 找到最易成功的原点市场、原点渠道、原点人群和原点场景，是高效营销的第一步。集中有限资源在突破点上形成优势，远比平均用力更容易取得成功。

精准引爆： 设计具有话题性的营销活动，引发社会化传播，是放大营销效果的关键。一个好的营销事件能够引发自传播，产生远超投入的传播效果。

精准复制： 将成功模式标准化、体系化，在更大范围内复制推广，是扩大营销成果的必由之路。系统化的复制能力是规模化增长的基础。

通过霸营销，企业能够显著提升营销投入产出比，解决营销成本高企但效果不佳的困境。

6.霸品类——品类主宰

引领品类发展，构建生态壁垒。

当竞争对手不断模仿你的成功时，如何保持长期领先优势？

真正的品类之王不仅占据现有品类，更主导品类的未来发展。持续创新和进化是保持长期领先的关键。我们通过三大路径，帮助企业实现品类主宰。

强化第一： 持续夯实在现有品类中的领先地位，不断扩大与竞争对手的差距，是巩固优势的基础。全方位的领先优势才能形成难以撼动的市场地位。

进化迭代： 不断创新产品和技术，引领品类升级，是保持领先的关键。主动引领变革，而非被动应对，是长期领先的核心。同时，战略性地识别与封杀潜在竞争威胁，防止对手通过突破性创新实现超越，确保自身领先优势不被动摇，是巩固第一地位的重要防御机制。

分化主导： 主导品类分化趋势，在新兴细分品类中占据先机，是持续扩大优势的有效途径。未雨绸缪，超前布局，才能在市场变化中立于不败之地。

通过霸品类，企业能够建立长期竞争壁垒，破解行业马太效应，确保持久的市场领导地位。

实战案例：从"模仿者"到"品类王"，一家瓷砖企业的逆袭之路

在详细解析了"先抢再霸"的品类称王方法论后，许多企业家可能会问：这套方法论如何在实际商业环境中操作？它能否真正帮助企业实现从默默无闻到品类领先的转变？

这家瓷砖企业的转型案例，正是对品类称王战略有效性的最佳证明。通过咨询辅导，这家曾经濒临破产的瓷砖企业，在短短三年内实现了从行业跟随者到品类领导者的华丽蜕变。

转型前：一个陷入困境的瓷砖品牌

2018 年年底，金尊玉瓷砖（改名前）正处于生死存亡的关键时刻。作为一个起步较晚的瓷砖品牌，它面临着极为严峻的挑战：瓷砖行业产能过剩、竞争白热化，数百个品牌争夺市场，产品同质化严重。金尊玉曾招募 200 多个代理商，但最终只剩下 4 个，存活率仅 2%。库存积压高达 1 亿元，资金周转困难。雪上加霜的是，整个瓷砖行业已连续多年负增长，市场环境极为恶劣。

在此之前，金尊玉尝试过多种突围方法：定位为"大理石瓷砖第二品牌"，

但这只是在为行业领导者做嫁衣；开发高端"意大利名石"系列，但渠道商不敢推广；甚至尝试降价清库存，进一步损害了品牌根基。多次转型失败后，企业几乎走到了绝境。

战略转型：系统应用"先抢再霸"方法论

面对这一困境，咨询团队为金尊玉制定了完整的品类称王战略，并辅导他们系统应用"先抢再霸"六步法。

抢品类：开创"超耐磨大理石瓷砖"新品类

咨询团队通过深入的市场研究和心智调研，发现了一个关键机会。

市场分析显示，虽然整体瓷砖市场萎缩，但大理石瓷砖细分品类呈现增长态势。数据显示，大理石瓷砖在中国瓷砖市场的占有率明显低于欧美日等发达市场，这表明国内大理石瓷砖市场仍有巨大的增长潜力和发展空间。

客户研究发现，在排除花纹和价格这两个主观因素后，"耐磨"是客户购买瓷砖时最关注的特性之一。客户普遍担心瓷砖容易磨花，但市场上还没有专门解决这一问题的品牌。

基于这些发现，咨询团队建议金尊玉开创"超耐磨大理石瓷砖"这一新品类，从根本上避开与现有品牌的直接竞争，创造自己的蓝海市场。

抢定位：确立"超耐磨，持久新"的核心定位

确定了品类方向后，咨询团队进一步分析了金尊玉占据"耐磨"特性的可能性。

- 客户高度重视瓷砖的耐磨性，尤其担心瓷砖使用一段时间后容易磨花。
- 市场上尚无品牌抢占"耐磨"特性，形成了心智空缺。
- 企业通过技术创新可以提供真正的耐磨产品。

基于对客户重视度、竞争占有度、企业能力的评估分析，确定把"超耐磨，持久新"作为核心定位，将特性与客户利益点紧密结合。

抢爆品：打造"钻石釉经典名石"超级单品

爆品是新品类快速获得市场认知的关键。

在产品层面，与意大利卡罗比亚釉料公司合作，研发了"钻石釉"技术，将产品厚度从 11mm 增加到 13mm，显著提升了瓷砖的耐磨性能。同时，大胆砍掉所有不耐磨的瓷片和容易有瑕疵的纹路砖，集中资源打造"钻石釉经典名石系列"，并将其作为核心产品。

在背书层面，成立超耐磨钻石釉中国研发中心，获得了"耐磨效果是普通瓷砖 3 倍"的专利技术认证，建立了三大研发中心和示范基地，积极推动产品获得行业权威奖项。

霸品牌：从金尊玉到大角鹿的品牌重塑

品牌重塑是转型的关键一步。在咨询团队的指导下，企业实施了全方位的品牌升级。

品牌更名：从"金尊玉"更名为更易记忆的"大角鹿"，配合品类名形成了"大角鹿超耐磨大理石瓷砖"的组合，让客户一听就知道是什么品牌、解决什么问题。

视觉升级：设计了全新的品牌标识和视觉系统，更加简洁明快，易于识别和记忆。

传播升级：创造了直击痛点的传播口号"怕瓷砖磨花，用大角鹿"，简洁有力地传达了核心价值。

霸营销：精准突破，快速复制

摒弃传统的撒网式营销，咨询团队为大角鹿设计了精准的营销策略。

原点市场战略：选择温州作为首个突破市场，集中资源形成示范效应。在温州成功后，再将经验复制到全国。

精准客群与渠道：聚焦新小区业主这一目标客群，将门店开在建材市场而非传统建材城，更贴近目标客户的购买路径。

创新营销活动："磨瓷砖 PK 大赛"成为大角鹿的王牌营销活动，2019 年全国举办 330 场，吸引 16350 人参加，3000 多万人次通过直播观看，直观展示了产品优势。

小区战略：在新小区集中的地方开设大角鹿社区店，通过小区业主群营销、入户电梯广告等低成本方式精准触达目标客户。这一创新策略大大提高了营销效率。

霸品类：巩固和扩大品类领导地位

为了从品类领先迈向品类主宰，咨询团队规划了长期战略路径。

强化第一：从门店数第一、国内销量第一到全球销量第一，大角鹿是耐磨度全球第一和超耐磨发明专利数量第一的瓷砖品牌，在全球拥有六大生产基地，从而保证品质、扩大产能。

进化迭代：推出第二代、第三代、第四代钻石釉技术，持续保持技术领先优势。

分化主导：紧跟市场趋势，推出密缝连纹大理石岩板及超抗污柔光砖新品类，主导瓷砖行业的产品升级方向。

从战略到成果：大角鹿的华丽蜕变

"先抢再霸"六步方法论的系统应用，为大角鹿带来了显著的市场突破。这一成功不是偶然，而是战略清晰、执行到位的必然结果。

半年破局：短期战果初显

正如品类称王战略所预期的，大角鹿在实施新战略仅半年后，就在温州试点市场取得了突破性进展。这一阶段的成果直接验证了"抢品类、抢定位、抢爆品"三步的有效性。

- 温州红星美凯龙门店销量增长 5 倍多，成为区域标杆。
- 整个温州地区销量增长 3 倍多，验证了策略可复制性。
- 客户调研显示，超过 50% 的客户明确表示是因"超耐磨"定位而选择大角鹿。
- 产品不再依赖价格促销，实现了溢价销售。

这一阶段的成功为全国推广奠定了坚实基础，也坚定了团队对品类称王战略的信心。市场的积极反馈证明："超耐磨大理石瓷砖"这一新品类确实抓住了客户的核心需求，填补了市场空缺。

三年称王：战略目标实现

随着"霸品牌、霸营销、霸品类"三步的深入实施，大角鹿在瓷砖行业的地位迅速提升，最终实现了品类称王的战略目标。

市场规模的跨越式增长：

- 2019 年：新增代理商 200 多家，全年营收实现翻倍增长。
- 2020 年：再接再厉，营收增长超 1 倍，新增代理商超 500 家。
- 2021 年：销售额突破 11 亿元，销量跃居大理石瓷砖第一。
- 2022 年：全国专卖店突破 3000 家，在大理石瓷砖领域确立绝对领导地位。
- 2023 年：在行业整体低迷背景下，仍保持 65% 的高速增长，开始布局国际市场。

品牌地位的根本性转变：

- 从无人问津到行业热门，成为经销商争相加盟的抢手品牌。
- 从价格战参与者到价值定价者，产品价格维持在行业平均水平以上 20%。
- 从市场追随者到行业领导者，引领大理石瓷砖行业的产品创新和升级方向。

企业价值的显著提升：

- 市场估值从不足 3 亿元跃升至数十亿元，获得资本市场高度关注。
- 从濒临破产到行业标杆，彻底改写了企业发展轨迹。
- 从"模仿者"思维到"品类王"格局，企业战略眼光和管理水平全面提升。

大角鹿的成功，是对"先抢再霸，半年破局，三年称王"这一战略目标的完美实现。它证明，品类称王战略不是纸上谈兵，而是经过市场检验的实战方法论，能够真正帮助企业实现从模仿到领先的战略跨越。

更重要的是，大角鹿案例验证了品类称王战略的普适性——即使在传统制造业，即使在市场下行周期，即使是资源有限的中小企业，只要找准品类方向，系统实施"先抢再霸"六步法，同样可以实现弯道超车，成为真正的品类之王。

本章总结

好战略的标准——品类称王

品类称王才能实现躺赢、躺富、躺贵

称王路上的三大挑战：在哪称王、凭啥称王、用啥称王

品类称王的陷阱——模仿战略

　　跟风生产：热卖即陷阱

第一章

抢品类——升级替代

客户购买商品时，最关注的是什么

在商业竞争中，企业常常为一个核心问题而苦恼：客户购买商品时最关注的是什么？这一答案往往决定了企业资源投入的方向和竞争战略的选择。

许多企业坚信，产品性能是客户选择的关键。它们投入大量资源来提升产品品质，不断完善功能特性，却仍然难以撼动市场格局。另一些企业则将品牌作为核心竞争力，通过品牌建设来提升知名度和美誉度，希望借此赢得客户的青睐。

然而，市场却给出了不同的启示。

📄 案例一

丰田的电动化困境

丰田汽车在 2023 年的全年销量达到 1050 万辆，连续第三年蝉联汽车制造商榜首。作为全球顶级的汽车品牌，丰田在产品性能和品牌影响力方面均处于领先地位。然而，面对电动化浪潮，这位行业巨头却显得步履蹒跚——2023 年，丰田纯电动车的销量仅为 10.4 万辆，仅占总销量的 0.9%。

为何如此强大的企业在新赛道上表现平平？答案并非产品或品牌本身存在缺陷，而是丰田无法代表电动汽车这一新兴品类，无法成为客户的首选。

📄 案例二

茅台啤酒的产品悖论

2002 年 6 月，茅台集团斥资 2 亿元兴建了茅台啤酒新生产线。这一产品汇聚了顶级资源：

- 国内最先进的啤酒生产线（意大利、德国设备）
- 世界公认的优质麦芽
- 国内最优质的啤酒花
- 国内权威专家的严格把关
- 国内最强大的酒水营销体系

按理说，如此优秀的产品应当大获成功。然而，现实却是：到 2010 年，茅台啤酒的销售额仅为 6000 万元，相当于一个三线城市小啤酒厂的水平，其售价高达

58 元／瓶，无人问津，最终不得不"托管"给华润雪花。因为客户在购买啤酒这一品类时，通常不会想到茅台。

这些案例揭示了一个重要事实：客户购买商品时，最关注的核心因素既不是产品，也不是品牌，而是品类。

品类：购买决策的真正驱动力

当客户做出购买决策时，其思考过程通常如下。

首先，客户决定购买某个品类：

"我想喝饮料。"

"我需要一部新手机。"

其次，客户在该品类中选择特定子品类：

"我要喝碳酸饮料还是茶饮料？"

"我要买高端手机还是性价比手机？"

最后，客户在确定的子品类中选择品牌：

"我选择可口可乐还是百事可乐？"

"我购买华为手机还是小米手机？"

从这个过程可以看出，品类是隐藏在品牌背后的关键力量，真正关联着客户的购买决策。

以凉茶饮料为例：

品类：凉茶饮料

品牌：王老吉

当客户怕"上火"时，首先想到的是需要凉茶（品类），然后才考虑选择王老吉还是其他品牌。

因此，我们可以总结出一个关键原则：客户以品类进行思考，以品牌进行表达。

好品类的标准——升级替代

在激烈的市场竞争中，企业若想脱颖而出，关键在于打造一个好品类。什么是好品类？好品类就是能实现对老品类升级替代的品类。

是压制老品类，不是老品类内卷

好品类不是在现有品类中争夺有限的市场份额，而是通过根本性创新来压制并取代老品类，从而赢得全新的市场空间。

 案例

电动车替代燃油车

特斯拉并未将自己定位为"更好的汽车"，而是创造了"电动车"这一全新品类。它没有陷入传统汽车厂商所关注的马力、排量、加速度等参数竞争，而是以续航里程、充电速度、自动驾驶等全新维度重构了汽车的评价体系。这种策略并非在燃油车市场中争夺份额，而是通过创新彻底压制了传统燃油车的发展空间，迫使整个行业向电动化转型。传统车企如大众、通用等只能被迫追随，在电动车领域重新开始，失去了在燃油车时代积累的大部分优势。

是重构新认知，不是功能性优化

好品类不只提供更好的功能，而是重塑客户对整个品类的认知和使用逻辑，建立全新的价值标准。

案例

扫地机器人替代吸尘器

科沃斯等扫地机器人品牌并未将产品定位为"更好的吸尘器"，而是重构了客户对家居清洁的认知——从"人工清洁"转变为"智能自动清洁"。它们不仅在吸力、噪音等传统功能层面进行优化，还引入了"解放双手""自动规划""定时清扫"等全新概念。这种认知重构使客户不再以传统吸尘器的标准来评价扫地机器人，而是接受了全新的价值体系。即使扫地机器人的吸力不如传统吸尘器，客户依然愿意为其付费，因为评价标准已经从单纯的清洁效果转变为生活方式的改变。

是创造新需求，不是满足老需求

好品类不是更好地满足已有需求，而是创造客户之前未意识到的新需求，引导客户产生新的消费动机。

鲜炖燕窝替代传统燕窝

小仙炖并未停留在传统燕窝"滋补养生"老需求的满足上，而是创造了"鲜炖燕窝"这一全新需求。传统燕窝需要长时间浸泡和炖煮，制作过程复杂，使用门槛较高。小仙炖通过持续的技术攻关，成功开发出创新的鲜炖工艺，不仅最大限度地保留了燕窝的营养成分，还将保质期缩短至15天，开创了"鲜炖燕窝"这一品类。这一创新将燕窝从"偶尔食用的奢侈品"转变为"日常可食用的健康产品"，创造了"每日一杯"的全新消费场景。这种转变不仅满足了现有燕窝客户的便利需求，更重要的是创造了新的消费频次和消费群体，让原本不会购买传统燕窝的年轻女性成为核心客户，实现了品类的整体扩容。

为什么要升级替代

在竞争激烈的商业世界中，"升级替代"成为众多企业谋求发展的关键战略。这一战略蕴含着显著的优势，但也伴随着不可小觑的风险。深入剖析其利弊，对企业的决策和发展至关重要。

避内卷：摆脱老品类的恶性竞争

在老品类市场中，企业常常深陷恶性竞争的漩涡，产品同质化严重，价格战此起彼伏，导致利润空间不断被压缩。选择升级替代，企业便能果断跳出这一泥沼，开辟全新的发展路径。企业不再局限于老品类的低水平竞争，可以将资源聚焦于创新，提升产品或服务的附加值，从而摆脱价格枷锁，在新的领域中探索更广阔的盈利空间。

然而，避内卷的道路并非一帆风顺。如果企业在升级替代的过程中，对市场趋势判断失误，或者新业务缺乏足够的竞争力，就可能"深陷红海"，面临"穷途末路"的困境。脱离了熟悉的老品类市场后，新业务无法获得市场认可，企业既失去了原有市场份额，又难以在新领域立足，资金链断裂、经营难以为继等问题接踵而至，最终可能面临被市场淘汰的结局。

占蓝海：找到未被满足的新需求

企业若能精准洞察并满足未被发掘的新需求，就如同发现了一片蓝海市场。在这片全新的领域，竞争对手稀少，客户的需求尚未得到充分满足，企业可以凭借创新的产品或服务迅速吸引大量客户，快速建立品牌知名度，进而抢占市场份额。此时，企业能够在相对宽松的竞争环境中，充分发挥自身优势，实现业务的快速增长。

然而，蓝海市场也隐藏着诸多不确定性。如果企业对新需求的判断不够准确，或者在市场培育过程中遭遇重重困难，就可能陷入"死守老路、勉强求生"的境地。新需求可能只是伪需求，或者由于客户教育成本过高、市场基础设施不完善等，市场开发周期漫长，企业需要持续投入大量资金却难以获得相应回报。长期处于这种状态，企业的资金、人力等资源将被不断消耗，经营压力与日俱增，只能在市场边缘艰难维持。

赢竞争：重构市场规则碾压对手

当实现升级替代时，企业便拥有了重构市场规则的机会。通过创新商业模式，推出独特的产品或服务特性，企业可以重新定义行业标准，引导客户的选择方向，将自身优势转化为行业规则。在这种情况下，竞争对手难以在短期内模仿跟进，企业得以在竞争中占据主导地位，实现对竞争对手的降维打击，牢牢掌控市场主动权。

然而，重构市场规则的过程中也存在风险。如果企业在升级替代过程中过度依赖外部资源，如关键技术依赖供应商、政策支持左右业务发展等，一旦外部环境发生变化，就可能"受制于人、无力还击"。例如，供应商停止供应关键技术或零部件，企业的生产和创新将陷入停滞；政策调整导致优惠减少或限制增多，企业的发展也会受到严重制约。在这种情况下，企业不仅无法继续碾压对手，还可能在竞争中处于被动挨打之势。

案例

富凯特材——从"普通钢"到"特种金属合金钢"

富凯特材最初是一家生产普通钢材的制造企业。在中国钢铁这个典型的"红海市场"中，富凯特材面临着严峻的生存挑战。一方面，上游有宝钢、鞍钢等国有钢铁巨头，它们拥有资源、规模和政策优势；另一方面，同等规模的民营钢企数以千计，产品同质化严重，只能通过不断降价来争夺订单，陷入了恶性竞争的泥潭。

"在传统金属材料市场，价格战此起彼伏，利润率持续走低，企业发展举步维艰。"富凯特材的负责人回忆道，"我们就像被困在迷宫中找不到出口，每天都在为生存而挣扎。"这种困局让富凯特材深刻认识到，继续在普通钢材市场与巨头企业竞争，没有任何优势可言。

转机来自富凯特材林总和管理团队参加了"品类称王战略"课程，这给他们带来了全新的战略思路。"听完课程后，我们受到很大启发，"富凯特材林总表示，"我们认识到，与其在红海中挣扎，不如坚定开创新品类，去寻找蓝海。"

经过深入的市场调研，富凯特材发现了一个重要机会：国内多个高端制造领域急需特种金属合金钢材料，而这些材料长期依赖进口，是我国高端制造业发展的"卡脖子"产品。这正是富凯特材可以抢占的新品类机会。

认准方向后，富凯特材迅速行动。组建研发团队集中攻关特种金属合金钢的关键技术，突破了多项技术瓶颈，成功开发出近10项特种金属合金钢新产品，解决了国家"卡脖子"产品中的2项关键技术。同时，富凯特材着手打造从研发到生产的完整产业链，并积极参与行业标准制定，巧妙地将自身技术优势转化为行业规则。

通过开创"特种金属合金钢"这一新品类，富凯特材成功实现了产品因独特性能和稀缺性受到市场青睐，2023年销售额达18.4亿元，同比增长29.7%；作为品类开创者获得了产品定价权，成功避开了价格战，利润率显著提升；通过参与行业标准制定，完善产业链布局以及持续的技术创新，在市场中建立了长期竞争优势，为企业的可持续发展奠定了坚实基础。

升级替代的三大挑战

在商业领域，升级替代作为企业突破发展瓶颈、实现弯道超车的重要方法，正逐渐凸显其对企业发展的关键意义。然而，这一方法在实施过程中面临着诸多挑战，其中，顺应趋势、洞察需求以及效率革命这三大关键维度，既是机遇所在，也是企业前行道路上的重重难关。

顺应趋势：在时代浪潮中精准掌舵

紧跟时代大方向是升级替代的关键前提，这要求企业精准把握并紧密贴合政策导向与社会变迁。

政策作为宏观经济调控的有力杠杆，对各行业的发展路径起着决定性的引导作用。例如，在"双碳"目标的引领下，众多行业都面临着深刻的变革。以钢铁行业为例，传统的高耗能、高排放生产模式难以为继，企业若想实现升级替代，就必须顺应绿色发展的政策趋势，加大在节能减排技术研发、绿色生产工艺改进方面的投入。然而，政策的解读与落地充满挑战，政策条款往往具有高度的专业性和复杂性，且处于不断调整和完善的动态过程中。企业需要密切关注政策动向，及时、准确地解读政策内涵，并迅速将政策要求转化为切实可行的企业战略和行动方案。

社会变迁同样深刻影响着企业的升级替代进程。随着数字化、智能化时代的全面到来，客户的生活方式和消费习惯发生了翻天覆地的变化。线上购物、远程办公、智能生活等新兴需求呈爆发式增长。以传统零售企业为例，如果不能敏锐捕捉到这一社会趋势，及时拓展线上业务渠道，打造线上线下融合的新零售模式，满足客户对于便捷、高效购物体验的追求，就极有可能在升级替代的浪潮中被淘汰。

洞察需求：满足不断进阶的消费诉求

契合新消费诉求是升级替代的核心目标之一，聚焦品质体验与新型场景成为企业竞争的关键。如今的客户不再满足于产品的基本功能，对品质的要求愈发严苛。他们追求更高的产品质量、更精致的工艺以及更环保的材料。以智能手机行业为例，客户不仅要求手机具备强大的性能，还对屏幕显示效果、拍照画质、机身材质等方面提出了更高标准。企业在升级替代过程中，需要不断优化产品品质。

除了品质，新型场景的打造也是满足消费升级的重要方面。客户渴望在购物、娱乐、生活等各个场景中获得独特、个性化的体验。例如，一些美妆品牌打造的沉浸式线下体验店，通过数字化互动装置、个性化美妆服务等，为客户创造了全新的购物场景。

效率革命：借助创新实现效率跃升

借创新提升效率是升级替代的重要驱动力，技术创新与工艺突破是实现效率革命的核心路径。

在技术创新方面，企业需要持续投入大量资金和人力进行研发，以获取关键技术突破。例如，半导体行业的企业为了在芯片制造技术上取得领先，不断投入巨额资金建设研发中心，吸引顶尖人才。然而，技术研发具有高风险、长周期的特点，研发成果的不确定性使得企业面临巨大压力。

工艺突破同样是提升效率的关键。优化生产工艺可以降低成本、提高产品质量和生产速度。比如，汽车制造企业通过引入先进的自动化生产线和智能制造技术，实现了生产效率的大幅提升。

企业在实施升级替代方法时，必须清醒地认识到顺应趋势、洞察需求和效率革命所带来的挑战。只有积极应对这些挑战，不断提升自身的综合实力，才能在升级替代的道路上稳步前行，实现可持续发展。

📄 案例

裕华纺织——从传统纺织厂到亚麻混纺领导者

裕华纺织始创于 1958 年，作为一家历史悠久的国企，随着改制完成，却陷入了行业困境。在中国纺织这片红海中，数千家企业同质化竞争，产品附加值低，利润空间被不断压缩。

"那时我们就是做大家都在做的产品，争夺越来越少的订单。"裕华负责人刘总回忆道，"价格战此起彼伏，很多纺织厂倒闭，我们也在苦苦挣扎。"尽管企业尝试过更新设备、降低成本、拓展渠道等方法，却收效甚微。

转机出现在刘总参加完"品类称王战略"课程后，这一经历彻底改变了他的思维方式。课后，刘总决定邀请我们进行深入诊断和指导，为裕华纺织量身定制了转型战略。关键突破点出现在市场调研中，咨询团队帮助裕华纺织发现：消费升级带动了对高品质、环保型纺织面料的需求增长，而亚麻面料因其天然、舒适、环保特性越来越受欢迎。然而，纯亚麻面料存在易皱、硬挺等局限，市场上虽然有亚麻混纺布，但提及这个品类，在客户心智中却没有领导品牌。

在咨询团队的落地辅导下，裕华纺织决定抢占"亚麻混纺布"品类心智空缺。他们集中技术力量攻克核心工艺难题，与高校、科研机构合作，突破了"控异纤"技术瓶颈。同时，公司明确将自己定位为"亚麻混纺布领导者"，区别于传统棉麻面料和高端纯亚麻面料，开辟了全新市场空间。

在巩固这一定位后，我们还为裕华纺织打造了第二增长曲线——"品牌服装面料"这一新品类。他们与 ZARA、优衣库等知名品牌合作，提供定制化面料解决方案，参与下游产品设计开发，创造更多个性化体验。

这一系列转型让裕华纺织焕发新生。企业销售额大幅增长，毛利率显著提升；客户从被动寻找变为主动合作；企业形象从传统纺织厂蜕变为行业创新者，吸引了众多人才加入。

"参加那次课程并请咨询团队指导是企业发展的转折点，"刘总及团队感慨道，"没有他们的专业引导，我们很难找到这么精准的方向。通过抢占亚麻混纺布这一新品类，我们不仅摆脱了价格战泥潭，还重新定义了自身价值。"

升级替代的陷阱——弱品类

在当今竞争激烈的商业环境中，众多企业深陷弱品类的泥沼，面临着弱势跟随与弱势创新的双重困境。这不仅限制了企业的发展空间，更使它们在市场浪潮中摇摇欲坠。

弱势跟随：在老品类中艰难求存

许多企业在老品类市场中处于跟随地位，毫无话语权。它们被动地模仿领先企业的产品和策略，在价格、渠道等方面展开激烈竞争。由于缺乏核心竞争力，只能在市场的边缘挣扎，获取微薄的利润。以传统服装制造业为例，大量中小企业跟随知名品牌的款式和设计，难以形成自身特色。在原材料价格波动、人力成本上升时，它们只能被迫压缩利润空间，甚至面临生存危机。此外，这些企业在供应链中也处于弱势地位，难以获得优质的原材料和有利的合作条件，这进一步限制了产品质量和品牌形象的提升。

弱势创新：新品类难以成为主流

一些企业虽然尝试开创了新品类，但由于种种原因，这些新品类往往处于非主流地位，难以获得市场的广泛认可。企业在创新过程中，可能未能准确把握市场需求，或者在推广新品类时缺乏有效的策略。例如，一些智能穿戴设备企业推出了具有独特功能的产品，但由于技术不够成熟、使用体验不佳，或者未能有效引导客户认知其价值，导致产品销量惨淡，企业投入的研发和推广资金难以收回，难以持续发展。

案例

从今麦郎看弱品类陷阱

今麦郎在发展历程中，其饮用水业务板块呈现出典型的弱品类特征，深陷弱势跟随的困境。

2006 年，今麦郎看到娃哈哈在纯净水市场取得成功，便选择跟随其步伐进军该领域。在产品方面，从包装设计到口感调配，都与娃哈哈纯净水高度相似，缺乏自身独特的产品特性。在营销策略上，也只是照搬娃哈哈的模式，未能结合自身品牌特点进行创新。在销售渠道方面，则依赖于方便面业务积累的既有渠道，未针对饮用水市场的特点进行拓展和优化。

2007 年，康师傅在矿泉水市场风生水起，今麦郎再次选择跟随，推出类似的矿泉水产品。依旧复制康师傅的产品策略，在水源地选择、水质宣传以及产品定价等方面均缺乏差异化。同样借助方便面渠道进行铺货销售，忽视了矿泉水市场与方便面市场在渠道需求上的差异。

到了 2015 年，农夫山泉凭借天然水概念成功抢占市场高地，今麦郎又跟风推出天然水产品。但在产品定位和推广上，未能突出自身优势，依然一味模仿农夫山泉的成功模式。

这种长期的弱势跟随行为，使今麦郎在饮用水市场始终处于边缘地位，难以与各领域的领先品牌竞争，也未能建立起属于自己的市场优势和品牌特色。

弱品类的严重后果

进入弱品类是企业发展中的重大战略失误，这往往导致三大致命后果，使企业发展陷入困境，甚至走向衰亡。

深陷红海： 弱品类企业无可避免地陷入红海竞争，在拥挤的市场中挣扎求生。由于缺乏差异化优势，企业不得不与众多竞争对手争夺有限的市场资源，价格战成为主要竞争手段。

产品同质化严重，客户难以辨识企业的独特价值，只能以价格作为主要选择因素。这迫使企业不断降价促销，利润空间被层层压缩。随着竞争加剧，企业被迫削减成本，可能导致产品品质下降，进一步恶化市场形象。

在红海环境中，营销投入产出比极低，企业不断增加推广费用，却很难获得相应的市场回应。大量资源被消耗在无效的价格竞争和营销战中，企业却无法建立持久的竞争优势，犹如被困在迷宫中，看不到出路。

勉强求生： 弱品类企业长期处于勉强求生的状态，发展举步维艰，生存压力巨大。由于市场定位不清晰，产品没有形成足够强大的竞争力，销售业绩不稳定，客户忠诚度低下。

收入增长缓慢甚至停滞，但运营成本不断上升，导致利润持续下滑。企业陷入恶性循环：低利润导致研发投入不足，创新能力下降；创新不足又进一步削弱市场竞争力，使收入雪上加霜。

管理团队常常疲于应付眼前危机，无暇思考长期战略，企业文化陷入消极防守状态。员工缺乏归属感和成就感，优秀人才流失，团队战斗力持续下降。企业如同在生存线上挣扎的病人，勉强维持生命体征，却难以恢复健康活力。

受制于人：弱品类企业在产业链中处于弱势地位，往往受制于供应商、渠道商和客户，缺乏话语权和主导权。没有建立强大的品类影响力，企业难以对上下游形成有效控制。

在上游，企业无法获得关键资源的优先供应和有利条件，原材料和技术支持常常受到限制；在下游，渠道商对弱品类产品要求苛刻，动辄提高进场费、促销费，却无法保证销售支持；在终端，客户对品牌认知度低，缺乏购买忠诚度，随时可能转向竞争对手。

市场规则往往由强势企业制定，弱品类企业只能被动适应，难以参与行业标准的制定和市场游戏规则的设计。这种"受制于人"的局面，使企业战略自主性极低，发展空间被严重限制，即使有创新想法也难以实现。

企业需从这些严重后果中认识到弱品类战略的危险性，积极寻求突破。破局的关键在于抢强品类，从强势心智、强势趋势和强势技术三个维度发力，通过差异化创新重新定义市场，摆脱弱品类困境，建立真正的竞争优势，实现可持续发展。

升级替代的真谛——抢强品类

强势心智：占领客户认知制高点

要实现强势心智占位，企业需深入洞察客户的需求和心理。企业还可借助社交媒体、线下体验店等营销渠道与客户互动，从而强化品牌在客户心中的地位。一旦在客户心智中占据优势地位，企业便能在市场竞争中脱颖而出，客户在购买相关产品或服务时，也会优先选择该品牌。

强势趋势：绑定未来的增长红利

把握未来趋势对企业至关重要。企业应建立趋势研究团队，关注宏观经济、科技发展、社会文化等方面的变化，并提前布局新兴领域。同时，企业还需加强与上下游企业的合作，构建产业生态，共同推动新兴趋势的发展，从而确保在未来市场竞争中占据有利位置。

强势技术：用技术壁垒碾压对手

技术创新是企业建立竞争优势的核心。企业应加大研发投入，吸引和培养优秀技术人才，建立完善的技术创新体系。通过持续的技术研发，攻克行业关键技术难题，形成难以被竞争对手复制的技术壁垒。如此，企业便能在市场竞争中凭借技术优势，获取更高的利润和市场份额，实现可持续发展。

企业必须清醒地认识到弱品类现状带来的挑战，并积极采取抢强品类策略。通过打造强势心智、强势趋势和强势技术，突破困境，实现从弱到强的转变，从而在激烈的市场竞争中赢得未来。

案例

今麦郎——从"弱品类泥沼"到"强势品类领军"

今麦郎并未沉沦，而是积极寻求转型，精准发力抢强品类，实现了逆袭式发展。

今麦郎深入洞察客户心理，紧紧抓住中国人源远流长的"熟食文化"以及"烧开的水更安全"这一固有认知。在中国传统文化中，熟食备受推崇，人们潜意识里认为经过高温处理的食物和水更加卫生、健康。

今麦郎敏锐地察觉到饮用水市场中"烧开的水"这一细分领域的空白。当时，尽管客户对健康饮水的需求日益增长，但市场上尚未出现主打"烧开的水"的领导品牌，这无疑是一片极具潜力的蓝海。今麦郎果断布局，抢先推出"熟水"产品，填补了市场空白。随着健康生活理念的普及，客户对饮用水的品质和安全性愈发重视，"熟水"正好契合了这一消费趋势，今麦郎借此东风，迅速打开市场，收获了未来增长的关键红利。今麦郎将"熟水"概念融入产品，直击客户对饮用水安全和健康的诉求。通过广告宣传和营销活动，不断强化"喝熟水，更健康"的理念，让客户在众多饮用水品类中对"熟水"这一概念留下深刻印象，成功在客户心智中占据了独特的位置，提升了品牌的辨识度与忠诚度。

技术创新是今麦郎逆袭的关键支撑。今麦郎投入大量资源进行研发，创造了全球首条UHT125℃熟水生产线，并开创了物理加热杀菌工艺。该工艺通过125℃的高温瞬间杀菌，不仅能高效杀灭水中的有害微生物，还能最大程度保留水中的有益矿物质成分，提升水的品质。同时，今麦郎实现了无溴酸盐残留的技术突破，解决了行业内长期存在的难题，使"熟水"在安全性上远超竞品。这些领先技术为今麦郎构筑起坚固的竞争壁垒，使其他企业难以在短期内模仿超越。

今麦郎通过聚焦强势心智、强势趋势和强势技术，成功开创"熟水"新品类，并推出"凉白开"子品牌，迅速获得市场认可，帮助今麦郎摆脱了弱品类困境，提升了品牌形象，扩大了市场份额。今麦郎的成功转型，为众多企业提供了宝贵经验，证明企业只要找准方向、勇于创新，就能在竞争激烈的市场中实现从弱到强的华丽转身。

抢强品类带来的好处

避免内卷：在成熟市场中，众多企业因产品同质化而陷入恶性价格战，利润空间被不断压缩，竞争日益白热化，最终导致"内卷"——投入越来越多，回报却越来越少。抢强品类是企业摆脱这一困境的有效途径。通过抢占新兴品类或重新定义既有品类，企业可以避开激烈的同质化竞争，创造差异化价值。

这种战略转型使企业跳出了价格战的泥潭，从"比谁更便宜"转向"我是唯一"，不仅提升了产品的溢价能力，还让企业从被动应战转为主动制定市场规则。

找到蓝海：市场中始终存在未被充分开发的潜在需求和细分领域，这些便是企业的"蓝海"机会。能够敏锐捕捉这些机会并抢先进入的企业，往往能够在市场中占据主导地位。通过深入的市场调研和客户洞察，企业可以发现传统产品无法满足的新需求，或者挖掘新兴消费趋势带来的市场空白。

在蓝海市场中，企业可以专注于价值创新而非竞争对抗，从而更好地满足客户需求，同时获得更高的成长空间和利润回报。先发优势和品类领导地位使企业能够在新市场中快速建立品牌认知和忠诚度。

赢得竞争：强势品类的企业通常具备难以撼动的竞争优势。作为品类的定义者和领导者，这类企业不仅在客户心智中占据优先地位，还能在多个维度构筑竞争壁垒。

在技术层面，品类领导者通常掌握核心技术和知识产权，从而为企业构建了技术护城河。在标准层面，品类领导者往往参与制定行业标准，将自身优势转化为行业规则，进一步巩固其市场地位。在品牌层面，品类领导者与品类在客户心智中紧密关联，形成了"想到品类就想到品牌"的认知优势。这种认知优势转化

为持续的市场份额和品牌溢价，使企业在竞争中始终处于主动地位。

抢品类的方法论——抢强品类，升级替代

从今麦郎"凉白开"等企业的成功实践中，我们切实见证了抢强品类的显著成效。它使企业成功避开同质化竞争的泥沼，开拓出崭新的市场空间，并在激烈的商战中脱颖而出。然而，企业若想真正将抢强品类这一理念落地并持续获益，一套科学且具实操性的方法论是必不可少的。

经过大量的案例研究与深度思考，我总结出了"抢强品类，升级替代"的方法论，其核心聚焦于心智出发、市场出发、技术出发这三个关键维度。接下来，我将详细阐述该方法论的具体内涵与应用策略，希望能为企业突破发展瓶颈、实现可持续增长提供有益的思路与借鉴。

1.心智出发——挖掘心智抢占空位

什么是心智？心智是客户内心对各类产品、品牌、服务等形成的认知、情感、态度和印象的总和，是客户做出购买决策的重要依据。

打动客户的五大心智密码

成功占领客户心智，需要破解五大关键密码。这些密码揭示了心智运作的基本规律，掌握它们能让品类创新事半功倍。

密码一：与众不同才吸睛

客户的大脑如同一台智能筛选器，会自动过滤掉相似的信息，而对差异化的信息特别敏感。这就好比走在街上，穿着打扮与众不同的人总是最引人注目。当一个品牌能在品类中找到独特的差异点时，就更容易占据客户的心智。

泡泡玛特就很好地运用了这一密码。在传统玩具品牌都在比拼功能和趣味性时，泡泡玛特开创了"艺术玩具"这一全新品类，通过将艺术设计与玩具相结合，将玩具从儿童玩物转变为年轻人收藏的艺术品，成功抓住了客户的注意力。

启示："新品类"具有天然优势，更容易获得心智的优先关注。当企业创造新品类时，它已经在客户认知中占据了差异化的位置，这是其他产品难以复制的优势。

密码二：简单才能入人心

人的大脑天生偏爱简单直观的信息。复杂的产品功能和烦琐的使用说明往往会引发客户的本能抗拒。一个品牌的核心主张越简单，就越容易被客户记住和接受。

瑞士军刀的案例很好地说明了这一点：它集成了多种功能，技术上无可挑剔，但正是这种多功能的复杂性，反而让客户觉得难以上手。相比之下，主打单一功能的产品往往更容易获得市场认可。

启示： "简化"产品信息，少即是多。成功的新品类往往是将复杂概念简化为客户容易理解的简单信息。品牌的核心主张越简单清晰，就越容易被客户记住和接受。

密码三：安全感决定购买

购买决策充满了不确定性：产品是否物有所值？质量是否可靠？会不会影响健康？他人会如何评价？买了会不会后悔？这些疑虑如同一道道隐形的墙，阻碍着客户的购买决策。

成功的新品类往往能够很好地化解这些顾虑。例如，当人们来到一个陌生的城市，面对两家餐厅的选择时，少数人会选择生意不好且人少的餐厅，而多数人会选择生意好且人多的餐厅。这是因为跟随多数人能够降低决策风险，从而提供安全感。

启示： "信任"是进入心智的必备要素。成功的新品类必须解决客户的安全感问题，包括提供可靠的品质保证、使用保障和消费信心。当客户感受到安全时，购买决策就会变得更加简单。

密码四：先入为主难改变

这一密码揭示了在品类竞争中，"快"往往比"好"更为重要。首个进入客户心智的品牌，通常会成为该品类的代名词。例如，康师傅成为方便面的代表，统一则成为老坛酸菜面的代表。一旦这种认知形成，便很难被改变。客户往往会将先进入心智的品牌视为品类的权威和标准。

启示："做得早"往往比"做得好"更具优势。在品类竞争中，速度比完美更为重要。如果能够快人一步进入客户心智，就应全力抢占心智位置；若已错失先机，就应另辟蹊径，开创新的细分品类，而非正面挑战已确立的心智认知。

密码五：一品牌一个标签

人的大脑习惯给品牌贴上标签，而且往往一次只贴一个。当一个品牌试图代表多个品类时，反而会让客户感到困惑，最终失去原有的优势地位。

格兰仕就是典型的案例：当它专注于微波炉时，是公认的领导品牌；然而，当它开始进军空调、洗衣机等多个品类后，品牌形象反而变得模糊，市场地位也随之下降。要想在客户心智中占据清晰的位置，品牌最好专注于一个核心品类。

启示：警惕"品牌延伸"的陷阱。若想在客户心智中占据清晰位置，品牌最好专注于一个核心品类。一个清晰、专注的品牌定位，比一个模糊、广泛的多品类布局更具价值。

在深入理解这些心智密码之后，企业就能更好地运用心智之钥。具体而言，有五种方法可供选择。

抢占认知空白：率先发现机会点

在客户的认知图谱中，始终存在一些尚未被占领的空白区域。抢占认知空白，就是要找到客户心智中尚未被占据的空间。这些空白往往存在于市场的边缘地带，或是传统品类的盲点之中。

公牛的成功正是源于对这种认知空白的敏锐发现。在公牛崛起之前，插座在客户心智中只是一个普通的家用电器，缺乏具体的品牌印记。尽管每个客户在使用插座时都最关心安全问题，但市场上却没有一个品牌真正占据"安全插座"这一认知位置。公牛发现了这一空白点后，通过持续的产品创新和品牌传播，成功将自己与"安全"紧密联系在一起，从而重新定义了整个品类的竞争规则。

利用心智资源：借力打力的智慧

在品类竞争中，企业不必总是从零开始创建认知，而是可以巧妙地利用已经存在于客户心智中的资源，这就是借力打力的智慧。心智资源是历史积累下来的优势认知资源，有效利用这些资源可以显著降低品类创新的认知门槛。

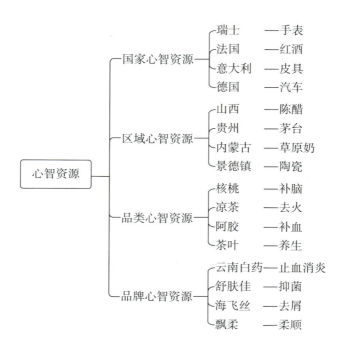

但要注意的是，利用心智资源必须符合真实性原则，不能刻意攀附或造假，必须建立在真实的产品价值和区域特色基础之上。

创造新概念：开辟全新赛道

当既有产品产生了广泛的负面认知后，与其试图改变这些认知，不如重新定义，创造新概念。创造新概念并非简单的改头换面，而是要通过创新性思维重新定义品类，成为品类开创者。

以喜茶为例，在传统奶茶品类竞争日益白热化的背景下，喜茶并没有选择在原有的奶茶赛道上竞争，而是创造了"芝士奶盖茶"这一全新品类。这一创新不仅在产品层面实现了突破，更重要的是开创了一种全新的茶饮体验方式。喜茶成功突破了传统奶茶的品类边界，创造了一个全新的市场空间。

创造新概念并非简单的产品创新，而是要重新定义消费场景和体验方式。喜茶准确把握了新一代消费者追求品质与新鲜体验的需求，通过新概念的创造，不仅开创了新品类，更重要的是成功将一个饮品概念转化为一种生活方式的表达。

反巨头策略：差异化的突围

反巨头策略就是针对领导者采取相反的行动。这种策略可以分为两种：一种是反对某一个巨头品类，另一种是反对某一个巨头品牌。其核心是通过差异化定位，在巨头的夹缝中开辟新的市场空间。

特斯拉是反巨头策略的典范。面对传统燃油车品类，特斯拉采取了截然不同的战略选择：放弃"混合动力"的中间路线，直接选择纯电动车品类；重新定义汽车的智能属性；建立全新的销售模式。这种策略不仅帮助特斯拉成功开创了新的品类，更重要的是建立了全新的竞争规则。

宝马则是另一种反巨头策略的代表。面对奔驰主打的乘坐舒适，宝马选择了运动操控的差异化路线，成功打造了"驾驶者的汽车"这一品类，在豪华车市场占据了独特位置。这个案例告诉我们，即使在成熟市场中，通过差异化定位依然可以开辟新的品类空间。

推动品类分化：精细化的胜利

品类分化是市场发展的必然趋势。研究表明，人的心智对每个品类能记住的品牌数量是有限的，通常是 7 ± 2 个。然而，品类本身却可以无限细分。通过推动品类分化，企业可以在细分市场中建立新的竞争优势。

餐饮领域的品类分化就是一个很好的例子。从最初的粗放式分类，到现在的精细化划分：主食分化出米饭、面条、饺子等不同品类；火锅分化出羊肉火锅、鱼头火锅等特色品类。一个看似简单的菜品，也能形成一个独立的品类。客户的关注点也从简单的"吃饱"转向了对"招牌菜"的追求。

这五种方法构成了一个完整的战略体系：抢占认知空白是基础，利用心智资源是助力，创造新概念是突破，反巨头策略是路径，推动品类分化是方向。这五种方法并非割裂的，而是相互支撑、互为补充的整体。

企业在实践中需要根据自身情况和市场环境，灵活运用这些方法。关键是要深入理解客户心智的运作规律，找准突破口，建立起独特的品类优势。记住，在品类竞争中，心智占位永远是最重要的战略制高点。

2.市场出发——洞察趋势创造需求

对于善于捕捉市场机会的企业而言，把握市场先机往往能成为打开品类之门的关键钥匙。这种能力不依赖于品牌知名度，也不受限于企业规模，而是取决于企业对市场的敏锐度和执行力。

一个企业即使在心智占位上不占优势，但如果能准确把握市场先机，同样可以实现品类突破。这就好比一个经验丰富的渔夫，虽然他的船可能不是最大的，网可能不是最好的，但他知道在什么时间、什么地点能捕获最多的鱼。

把握新趋势：预见未来先机

趋势如同潮水，顺势而为则事半功倍，逆势而行则步履维艰。把握趋势不能依靠猜测或盲目跟风，而需要建立系统化的趋势捕捉机制。

需求观察法

通过密切观察客户需求的微妙变化，可以发现市场潜在趋势。

市场的微妙变化中蕴含着巨大机会。企业需要建立对客户生活方式变化的持续观察机制，关注他们的痛点、期望以及未被满足的需求。特别是要关注前沿客户的尝试和选择，这些往往预示着未来的消费趋势。

案例

简醇0蔗糖酸奶

通过深入观察发现，客户对健康饮食的追求日益增长，尤其是对添加剂和糖分的担忧。研究数据显示，0添加产品在高端市场的份额持续攀升。基于这一趋势洞察，君乐宝的简醇推出了0蔗糖酸奶，精准契合了现代客户的健康需求。

高阶市场法

研究高阶市场的发展态势，预判大众市场未来走向。

高阶市场往往是大众市场的"风向标"，今天的高端消费行为可能是明天的大众消费趋势。企业应系统研究高阶市场，提炼可能普及至大众市场的产品特性、服务模式或消费理念，把握趋势从高端向大众转化的最佳时机。

案例

凉白开熟水

在研发过程中，今麦郎凉白开团队深入研究了日本饮用水市场。作为饮品领域的高阶市场，日本已经普及了经过高温杀菌、保质期长的耐储水。这一高阶市场趋势启发他们将中国传统开水的健康理念与现代便携需求相结合，开创了瓶装"熟水"这一新品类，成功引领了饮用水市场的新趋势。

一线销售法

从最贴近市场的一线销售反馈中收集和分析趋势信号。

一线销售人员是企业与客户接触的第一道界面，他们的反馈包含着最直接、最真实的市场信息。系统化地收集和分析这些反馈，尤其是异常数据和变化信号，往往能发现市场趋势的早期迹象。

案例

老板大吸力油烟机

老板电器通过系统收集一线销售反馈，发现客户对油烟机的关注点发生了变化——不再主要关注外观和噪音，而更关注吸排效果。基于这一洞察，公司将研发重点转向提升吸力性能，推出了"大吸力油烟机"，成功抢占了客户心智中的"大吸力"认知位置。

发现新机会：洞察市场空白

市场机会往往隐藏在行业痛点和变革的边界之中。成功的企业能够敏锐地识别这些机会点，并通过创新方案抢占市场空白。

痛点突破法

针对行业长期存在的痛点，提供创新的解决方案。

每个行业都存在一些长期未被解决的痛点，这些痛点通常是由于技术限制或思维定式导致的。当企业能够突破这些限制，提供创新的解决方案时，就有可能开创新的品类空间。

案例

UBRAS 无尺码内衣

内衣行业长期存在线下试穿尴尬、线上购买风险大的痛点，其本质在于尺码选择的困扰。UBRAS 通过深入研究内衣穿着舒适度的关键因素，发现传统内衣过于强调"尺码精确匹配"，而忽视了"舒适度"和"适应性"。该公司创新性地结合纺织科技和人体工学，开发出能适应一定范围体型变化的内衣材料和结构，创造了"无尺码内衣"这一新品类，从而解决了这一行业痛点。

场景需求匹配法

发现并满足特定场景下的未被满足的需求。

客户的需求往往与特定场景紧密相关。深入分析不同场景下的客户行为和期望，可以发现传统产品和服务未能满足的需求点，从而创造新的品类空间。

案例

小熊电器创意小家电

小熊电器敏锐捕捉到当代年轻人生活场景的变化，如小户型居住空间增多、独居生活增加、个性化需求提升等。针对这些特定场景，公司开发了一系列迷你、美观、多功能的小家电产品。例如，针对单身青年的早餐场景，开发了既能做三明治又能煎蛋的多功能早餐机；针对小户型厨房，设计了体积小巧但功能齐全的料理机。这些产品精准满足了特定场景下的需求，开创了"创意小家电"这一新品类。

创造新需求：激发潜在消费

创造新需求并非凭空制造，而是通过创新唤醒客户潜在的、未被满足的需求，进而扩大市场空间，创造增量价值。

使用频次升级法

通过产品创新提升使用频次，从而扩大消费空间。

产品使用频次的提升往往能带来市场规模的显著增长。通过降低使用门槛、增加使用便利性以及培养使用习惯，企业可以显著提升消费频次，进而创造新的市场空间。

📑 **案例**

洽洽小黄袋每日坚果

传统坚果存在不便携、易氧化、难控制用量等问题，导致消费频次较低。洽洽推出的每日坚果采用小包装设计，每包25克，精准控制每日摄入量，同时避免了多次开封导致的氧化问题。"每日一包"的理念将坚果从传统的零食转变为日常营养补充品，显著提升了消费频次。数据显示，每日坚果推出后，中国坚果市场规模在短短三年内翻了一番，创造了坚果行业的新增长空间。

使用门槛降低法

通过降低使用门槛，企业可以让更多客户进入市场。

高使用门槛往往会限制产品的普及和市场规模。通过简化使用流程、降低技术要求和减少决策负担，企业可以大幅拓展潜在客户群体，进而创造新的市场空间。

📑 **案例**

虎邦一人食辣酱

针对单身和小家庭增长趋势，虎邦推出小包装"一人食"系列，解决了传统大瓶装开封后难以长期保存的问题。数据显示，小包装辣椒酱推出后，年轻客户的购买频次提升了30%以上，为调味品市场创造了新增长点。

需求场景再造法

开发新的使用场景，从而扩展再造产品的应用范围。

产品的价值不仅取决于其功能，还与其应用场景密切相关。通过挖掘产品的潜在功能并创造新的使用场景，企业可以大幅扩展产品的应用范围，从而创造新的市场空间。

📑 **案例**

洗衣粉到洗衣凝珠

传统洗衣产品如洗衣粉和洗衣液在使用时存在计量困难、倾倒麻烦和储存不便等问题。蔬果园通过推出洗衣凝珠，将洗衣产品从"需要自行计量添加"转变为"一颗搞定"的便捷解决方案，创造了"即投即洗"的全新使用体验。洗衣凝珠不仅解决了传统洗衣产品的痛点，还创造了旅行便携、健身包随身携带等全新使用场景，显著拓展了消费频次和市场规模。

从市场出发的品类创新，关键在于建立系统的市场洞察能力，形成从趋势把握到机会发现，再到需求创造的完整能力链条。只有真正理解市场的发展规律和客户的深层需求，企业才能在激烈的市场竞争中抢占先机，开创引领未来的新品类。

3.技术出发——用新技术破老难题

在品类称王战略中，技术和工艺的创新往往能为企业开辟全新的竞争赛道。这是一条从技术出发，通过突破性创新解决行业痛点、满足客户需求的品类创新路径。对于掌握核心技术的企业而言，技术创新之钥能够开启通往品类领导者的大门。

技术创新：用新技术解决老问题

技术创新的关键不在于技术本身是否先进，而在于能否解决行业长期存在的痛点问题。这种创新需要企业对行业问题有深刻的理解，并能通过技术突破提供全新的解决方案。

行业痛点往往是新品类诞生的沃土。当企业能够深入理解行业痛点，并通过技术创新提供突破性解决方案时，就有可能开创全新的品类空间。

 案例

帝鲸超稳定恒温花洒

在卫浴领域，水温的不稳定一直是客户的痛点，尤其在水压波动时，传统花洒难以精准且稳定地调节水温。帝鲸团队针对这一问题深入研究，发现其根源在于水压变化导致冷热水比例失衡。为此，团队开发了"超稳定恒温阀芯技术"，该技术能在 0.5 秒内感知并调整水温，即使在极端水压变化下，也能将水温稳定控制在 ±1°C 范围内。这一创新不仅解决了水温不稳定的问题，还显著提升了淋浴安全性，尤其对老人和儿童更为友好。

工艺突破：提升产品性能

工艺突破是产品性能提升和品质飞跃的关键。通过工艺突破，企业能够在保持产品基本形态不变的情况下，显著提升产品性能和客户体验，从而创造新的品类价值。

材料是产品性能的基础，而工艺则是性能实现的保障。材料与工艺的创新往往能够突破传统产品的性能瓶颈，为客户带来全新的使用体验。

案例

康巴赫不粘锅的蚀刻工艺

传统不粘锅存在使用寿命短、易划伤、涂层脱落等常见问题。康巴赫深入研究后发现，这些问题的根源在于传统喷涂工艺使涂层与锅体的结合不够牢固。康巴赫没有局限于传统工艺的改良，而是选择从根本上突破涂层技术。通过采用蚀刻工艺，康巴赫显著提升了产品的耐用性和使用体验，成功实现了品类的升级。

这两种创新路径均指向一个共同目标：通过技术和工艺的突破，为客户创造真正的价值。企业需要根据自身特点及行业特征，选择合适的创新路径，以建立可持续的创新优势。

实战案例：从"弱品类"到"吸烟王"——老板厨房电器竞争翻盘之路

老板电器成立于 1988 年，是一家专业厨房电器生产企业，总部位于杭州。长期以来，厨电市场头部被方太占据，中端市场被华帝占据，老板电器一直处于追赶者的位置。面对强大的竞争对手，老板电器如何实现突围？

洞察厨电市场的认知痛点

老板电器经过深入市场调研发现，"厨电"在客户认知中并非一个明确的品类。客户不会说"我要去买厨电"，而是会具体到某个产品，如油烟机、燃气灶等。而在厨房电器中，吸油烟机是最核心的产品，也是客户最关注的厨电品类。

老板电器进一步发现，在客户选购油烟机时，最关注的因素并非价格、外观或噪音，而是吸力——油烟机能否有效解决烹饪过程中的油烟问题，是客户的核心关切。然而，市场上大多数品牌，包括方太，都将注意力放在了"整体厨电""高端厨电"等概念上，而没有直接聚焦这一核心痛点。

心智出发：抢占"大吸力"认知空缺

基于对市场的深刻洞察，老板电器决定采取心智出发的策略，将市场聚焦点从"厨电"转向"油烟机"，并抢占"大吸力"这一在客户心智中尚未被有效占据的认知空缺。

抢占认知空白： 老板电器放弃了原先"老板厨电"的品牌传播策略，转而聚焦"老板油烟机"，并将"大吸力"作为核心价值主张。在客户心智中建立"老板 = 大吸力油烟机"的强关联。

创造新概念： 老板电器提出"大吸力油烟机"这一全新概念，在行业内首创以吸力大小作为产品核心卖点的差异化定位，改变了客户评价油烟机的标准。

反巨头策略： 与行业领导者方太不同，方太主打"高端厨电专家"的整体厨房解决方案，老板电器则聚焦单一品类，专注解决客户最关心的油烟问题，实现了差异化突围。

技术出发：打造大吸力核心壁垒

仅有心智占位是不够的，老板电器深知必须以真实的技术创新为支撑，才能赢得客户信任。

痛点驱动创新： 针对传统油烟机吸力不足、油烟逃逸的行业痛点，老板电器集中研发资源，进行技术攻关。

极致性能突破： 老板电器创新性地改进了风道设计，开发出搭载双劲芯 3.0 系统的大吸力油烟机，实现了 $19m^3/min$ 的行业领先吸力水平，带来 $360°$ 龙卷吸烟效果，彻底解决了油烟逃逸、飘散的难题。

工艺流程再造： 通过优化生产工艺和质量控制流程，确保每台出厂的油烟机都能达到设计的吸力标准，同时能耗仍达到国家 1 级能效指标，实现了性能与节能的平衡。

市场出发：捕捉客户新需求

老板电器不仅关注技术创新，还密切跟踪市场趋势和客户需求变化，确保产品与市场需求精准匹配。

一线销售法： 通过系统收集销售一线反馈，老板电器发现客户对吸油烟效果的重视程度远高于预期，这一发现成为老板电器重新定位的重要依据。

痛点突破法：深入分析发现，厨房油烟问题是大多数中国家庭的普遍困扰，但传统油烟机往往强调外观和噪音控制，而忽视了吸力这一核心需求。老板电器敏锐捕捉到这一市场空白。

成功成为厨电全品类全球销量第一

通过系统运用"心智出发""技术出发"和"市场出发"方法，老板油烟机最终实现从跟随者到领导者的华丽转身。老板电器在主导吸油烟机品类之后带动燃气灶、消毒柜等相关品类都实现销量第一，从而反超方太成为油烟机品类第一品牌，连续 6 年全球销量第一。这一成功模式不仅适用于厨电行业，也为其他传统产业的品类创新提供了宝贵借鉴。

抢品类工具

抢品类——抢强品类，升级替代

维度	现状	优化	品类检验五大要点
心智出发			☐是否真需求？
市场出发			☐是否真品类？ ☐是否顺应趋势？
技术出发			☐心智是否有空缺？ ☐未来潜力有多大？

参考工具

心智出发

抢占
认知空白

推动
品类分化　　利用
　　　　　　心智资源

反巨
头策略　　创造
　　　　新概念

市场出发

• 需求观察法
• 高阶市场法
• 一线销售法

把握新趋势

创造新需求　　发现新机会

• 使用频次升级法　　• 痛点突破法
• 使用门槛降低法　　• 场景需求匹配法
• 需求场景再造法

技术出发

技术创新　　工艺突破

本章总结

好品类的标准——升级替代

升级替代才能避内卷、占蓝海、赢竞争

升级替代的三大挑战：顺应趋势、洞察需求、效率革命

升级替代的陷阱——弱品类

    弱势跟随：在老品类中艰难求存

    弱势创新：新品类难以成为主流

升级替代的真谛——抢强品类

    强势心智：占领客户认知制高点

    强势趋势：绑定未来的增长红利

    强势技术：用技术壁垒碾压对手

抢品类的方法论——抢强品类，升级替代

    1.心智出发——挖掘心智抢占空位

    2.市场出发——洞察趋势创造需求

    3.技术出发——用新技术破老难题

第二章

抢定位——不二之选

在现代商业竞争中，企业不能仅仅满足于创造一个新品类，更要在这个品类中确立无可替代的地位，成为客户心目中的不二之选。本章将探讨如何通过精准定位，将品牌打造为市场上真正的必然选择。

什么是定位

在竞争日益激烈的市场环境中，定位已成为继品类之后企业商业战略的核心。定位的本质是回答一个核心问题：客户选择你而不选择对手的理由是什么？好的定位能够将企业的卖点（selling point）转化为客户的买点（buying point），在客户心智中建立起清晰、独特且有价值的形象。

定位并非企业单方面的自我宣称，而是必须在客户心智中真正确立的位置。在客户看来，定位就是"你为何值得被选择"的理由。一个成功的定位，能让客户在众多选择中迅速锁定你的品牌，并对其产生强烈的认同感。

品类发展不同阶段的定位策略

值得注意的是，在品类发展的不同阶段，定位策略也需有所不同。

- 在"做蛋糕"（从 0 到 1）阶段：关键特性是品牌定位核心。当企业创造一个全新的品类时，首要任务是让客户了解并接受这个品类本身。此时，作为品类开创者的品牌需要强调产品或服务的关键特性，这些特性定义了品类的本质。例如，当支付宝创立移动支付业务时，其核心任务是教育市场接受移动支付这一概念，强调"便捷、安全、无现金"等关键特性，而支付宝作为开创者，自然成为了这一品类的代名词。

- 在"切蛋糕"（从 1 到 100）阶段：关键地位成为品牌定位重点。当品类被客户广泛接受后，市场上会出现多个竞争品牌。此时，企业需要在这个已被认可的品类中找到自己独特的位置，这就是"品牌在品类中的位置"。例如，在成熟的智能手机市场中，各品牌需要通过差异化定位来区分自己：华为强调设计与生态系统占据高端地位，OPPO 突出拍照摄像锁定影像领域，小米则以高性价比取胜占据性价比领导地位。

在商业竞争中，最终的胜利不仅是被客户选择，更是成为客户心智中的唯一选择。这就是我们所说的不二之选——当客户面对某一品类需求时，你的品牌自然而然地浮现在他们脑海中，其他选项甚至不被考虑。这种心智占位，远比市场份额和销售数据更具战略价值，因为它预示着长期、可持续的商业成功。

好定位的标准——不二之选

真正的不二之选品牌必须满足三个关键标准。

是客户首选，不是竞品备胎

不二之选品牌在客户心智中占据主导地位，是该品类的第一联想。这些品牌不是追随市场潮流，而是引领行业发展方向。

客户不会说"我需要一瓶去屑洗发水"，而是直接说"我想要一瓶海飞丝"；不会说"我想喝一瓶汽水"，而是说"来一瓶可口可乐"。这种品类与品牌的紧密联系，正是"客户首选"的最佳体现。

与之相对的是"竞品备胎"型企业——它们缺乏鲜明立场，总是被列为客户的备选方案。这类企业可能暂时获得一定市场份额，但难以在客户心智中建立独特地位，最终沦为无差异化的商品提供者。

案例

波司登——从羽绒服到"羽绒服专家"

在寒冷季节，当客户想到羽绒服时，第一反应往往是波司登，而不是泛泛地提及"我需要一件羽绒服"。波司登并非通过跟随市场潮流取得成功，而是坚持自身专业羽绒服的定位，引领了行业发展方向。多年来，波司登始终聚焦羽绒服品类，在产品技术、保暖功能上不断创新，建立了客户心智中"羽绒服专家"的形象。正是这种坚定的品类专注，让波司登在面对国际品牌和快时尚品牌的双重夹击下，依然保持了市场领导地位。

是绝对唯一，不是高度趋同

不二之选品牌拥有清晰、独特的市场定位，客户可以用简单的词汇准确描述它们。"溜溜梅"代表天然梅味零食，"洽洽"代表煮瓜子，这些品牌在各自领域建立了绝对独特的形象。

相比之下，"高度趋同"的品牌试图讨好所有人，结果往往是无法给任何人留下深刻印象。它们的营销传播杂乱无章，品牌主张模棱两可，客户难以清晰理解其价值所在。这种趋同状态既不利于品牌传播，也不利于客户决策，最终导致市场竞争力的削弱。

案例

德邦物流——从同质化快递到"大件快递专家"的蜕变

德邦物流通过"大件快递专家"的明确定位，成功实现了在物流行业的差异化突围。在众多快递企业同质化竞争的环境下，德邦敢于聚焦大件物流这一细分领域，建立了清晰、独特的市场形象。客户可以用简单的词汇准确描述德邦——"大件快递专家"。当客户需要运送家具、电器等大型物品时，德邦往往成为第一联想和首选，这种清晰的定位让德邦在激烈的物流市场中找到了自己的独特位置。德邦的市场传播始终围绕大件运输能力展开，形成了一致的品牌印象。这种聚焦战略不仅提升了运营效率，更重要的是在客户心智中构建了明确的品牌联想，避免了高度趋同的定位陷阱。

是无可替代，不是可有可无

不二之选品牌通过独特价值主张建立竞争优势，而非依靠价格战争取市场。客户选择这些品牌不是因为它们便宜，而是因为它们提供了独特的、其他品牌无法替代的价值。

反之，那些没有建立独特价值的企业容易被视为"可有可无"，客户随时可能因为价格或便利性等因素转向竞争对手。这类企业虽然可能在短期内赢得市场份额，但长期来看将面临利润率下降、品牌价值弱化的风险。价格战的最终赢家往往是客户，而企业则沦为商品化的牺牲品。

案例

顺丰速运——从快递服务到"不可替代的物流合作伙伴"

作为高端快递服务的代表，顺丰并不通过低价来吸引客户，而是以独特的服务价值建立竞争优势。顺丰自建航空网络、全程自营模式、严格的服务标准和可靠的时效保障，构建了其他快递企业难以复制的服务体系。当客户需要寄送重要文件、贵重物品或有严格时效要求的包裹时，顺丰成为不二之选，即使其价格通常高于行业平均水平。在中国快递行业多次出现价格战的情况下，顺丰始终坚持高品质服务路线，避免陷入价格竞争的泥潭。这种基于价值而非价格的竞争策略，使顺丰在保持服务品质的同时获得了稳定的利润率，形成了可持续的商业模式。

为什么要不二之选

企业实现不二之选地位，将获得三大核心价值，这些价值是企业长期稳健发展的基石。然而，未能确立这一地位的企业，将面临严峻的市场挑战。

高忠诚：客户死心塌地跟着

当品牌成为不二之选，客户会表现出罕见的高忠诚度。他们不仅自己持续购买，还会主动推荐给身边的人，成为品牌最坚实的口碑传播者。这种忠诚建立在强烈的情感连接和深度信任基础上，远超出理性层面的功能满足。

然而，未能建立忠诚度的品牌面临"客户流失、难有复购"的严峻挑战。客户购买一次后便不再回头，企业必须不断投入巨额营销费用获取新客户，从而陷入"获客成本高、留存率低"的恶性循环。数据显示，获取新客户的成本通常是保留老客户的 5~25 倍，而缺乏忠诚客户群的企业，其市场生存空间将被持续压缩，最终难以为继。

强定价：掌控定价实现溢价

不二之选的品牌拥有强大的定价权，客户愿意为其支付明显溢价。即使价格高于竞品，客户依然坚定选择，因为在他们心中，这一品牌的独特价值是金钱无法完全衡量的。这种定价优势直接转化为企业的盈利能力和投资回报率。

无法建立定价权的企业被迫陷入"依赖低价、难获收益"的泥潭。它们只能通过不断降价和促销来吸引客户，每一笔交易都在透支品牌价值和利润空间。长期的价格战不仅侵蚀企业利润，更会降低客户对品牌的价值认知，形成"越促销越贬值"的负面螺旋。在这种模式下，企业的毛利率持续下滑，研发与创新

能力被削弱。

快成长：市场份额快速扩大

建立不二之选地位的品牌能够实现持续的市场扩张。一方面，核心客户会增加购买频次和单次消费金额；另一方面，口碑效应会不断带来新客户。这种双轮驱动的增长模式使企业能够在不增加相应营销成本的情况下实现收入的指数级增长。

缺乏成长性的企业面临"被边缘化、难以生存"的境地。市场份额停滞不前甚至萎缩，营收增长乏力，企业发展陷入瓶颈。没有持续增长的动力，企业难以吸引资本投入和人才加入，创新动力不足，在日益激烈的市场竞争中逐渐被边缘化。行业数据显示，无法保持稳定成长的企业，其五年生存率不足 20%，多数最终被淘汰出局。

📄 案例

大角鹿——从濒临破产到行业领跑者

大角鹿瓷砖的转型案例，充分验证了不二之选战略的价值。这家曾经濒临破产的瓷砖企业，通过锁定"超耐磨大理石瓷砖"细分品类，建立了典型的不二之选优势。

大角鹿成功建立了强大的客户忠诚体系。客户调研显示，超过半数的客户明确表示是因为"超耐磨"特性而选择大角鹿。经销商从最初的寥寥无几到争相加盟，形成了稳定的渠道关系。这种显著的忠诚度提升，使大角鹿摆脱了客户流失的困境。

大角鹿产品价格维持在行业平均水平以上，销量不降反增，摆脱了价格战的泥潭。产品不再依赖价格促销，实现了溢价销售，从价格战的参与者转变为价值的定价者。这种定价能力的建立，确保了企业的盈利能力和可持续发展。

大角鹿在行业整体低迷的背景下，依然保持了高速增长。从最初几个门店发展到全国数千家专卖店，从区域小品牌发展为全国性品牌，市场份额持续扩大。企业价值从濒临破产到市场热门，实现了质的飞跃。

大角鹿的成功表明，即使在传统制造业，即使在市场下行周期，即使是资源有限的中小企业，只要找准品类方向，明确定位，系统实施战略，同样可以实现弯道超车，成为真正的不二之选。在激烈的市场竞争中，建立不二之选地位已不再是企业发展的加分项，而是生存和繁荣的必要条件。

不二之选的两大挑战

成为不二之选并非易事，企业在这一过程中将面临多重挑战。了解并克服这些挑战，对于企业从平凡走向卓越至关重要。

要么唯一：独特无可替代

建立真正的"唯一性"是成为不二之选的核心挑战。在同质化严重的市场中，如何找到自己的差异化优势，并使其成为客户认可的核心价值？

找到关键特性：企业需要通过深入的市场调研和客户洞察，发现竞品尚未满足的痛点或需求空缺。这并非简单的产品改良，而是要找到足以重新定义品类的关键特性。挑战在于，这种特性必须既有价值又有可行性，能够成为构建差异化的坚实基础。

符合客户共性：个性化特征不等于小众化，真正的关键特性应该是满足目标客群的共同需求。企业面临的挑战是在独特性与普适性之间找到平衡点，既要足够特别以形成差异，又要满足足够多客户的需求以形成规模。

要么第一：做到行业龙头

即使在无法实现绝对"唯一"的领域，成为客户认知中的"第一"，同样能够建立不二之选地位。然而，如何在激烈的市场竞争中脱颖而出，成为行业龙头？

界定衡量标准：企业需要确立对自己有利的衡量标准，并使其成为客户评价整个品类的主导标准。挑战在于，不同的竞争对手会推广不同的评价标准，谁能让自己的标准成为市场共识，谁就能在这一标准下成为第一。

稳固榜首地位：成为第一只是开始，如何持续保持领先地位是更大的挑战。这要求企业不断创新和提升，同时通过品牌传播强化"第一"印象，使其成为客户的选择习惯和认知固定点。

案例

翎美羽毛球——利用"耐打性"从红海突围

翎美羽毛球作为中国羽毛球及运动装备品牌，在高度竞争的市场环境中面临严峻挑战。高端市场被尤尼克斯等国际知名品牌牢牢占据，中低端市场竞争更是白热化。翎美负责人潘总回忆道："在高端市场，客户只认国际大牌；在中低端市场，价格战又让我们难以为继。"企业尝试过各种提升竞争力的方法，但效果都十分有限。在这个几乎饱和的市场中，翎美就像一个默默无闻的小角色，随时可能被淘汰出局。

潘总是我们总裁班的铁杆学员，非常愿意学习和成长。听完关于品类称王的课程后茅塞顿开。因为之前一直试图在所有领域与巨头竞争，结果注定是徒劳的。潘总意识到他们需要找到自己的差异化定位，成为某一细分领域的领导者，因此决定启动咨询辅导。

通过深入的市场调研发现，羽毛球运动爱好者普遍关注的痛点是球的耐用性。业余和半专业球友最不满意的是球打几次就坏，这严重影响了运动体验和经济性。在羽毛球"耐打性"这一维度上，市场还没有明确的领导者，这正是翎美可以突围的机会。有了明确的方向后，翎美开始研发"更耐打"的羽毛球产品，特别是鹅毛球系列。同时，翎美巧妙地将客户评价标准从传统的"品牌知名度"或"专业性能"转向"耐打性"，在这一标准下，第一位置更容易被翎美占据。

在确定"更耐打"的定位后，翎美围绕这一核心特性进行了系统性创新：研发特殊的羽毛处理工艺，改进球托结构，优化羽毛排列和固定方式。产品从设计到包装，都突出"翎美鹅毛球·更耐打"的核心信息，确保客户能够一眼识别其独特价值。

通过这一系列系统性的战略转型，翎美成功在"耐打性羽毛球"这一细分领域建立了明确的领导地位。"想要更耐打的羽毛球，首选翎美"成为了客户的普遍认知。销售额实现了逐年稳步增长，产品毛利率也显著提高。与同类产品相比，翎美能够享受品牌溢价，避开了价格战的泥潭。在渠道拓展上，翎美获得了更多专业体育用品店和羽毛球馆的青睐。

翎美的案例表明，即使在资源有限、竞争激烈的环境中，企业只要找准关键特性，建立有利的评价标准，并在战略上保持长期坚守，同样可以在细分领域实现不二之选的地位，从而在市场竞争中脱颖而出。

不二之选的陷阱——同质化

在当今激烈的市场竞争环境中，众多企业梦寐以求的就是成为客户心目中的不二之选——那个在特定品类或需求场景下，客户会不假思索地首选的品牌。然而，现实是绝大多数企业未能实现这一理想状态。究其原因，根源在于同质化陷阱。当一个市场中的产品或服务高度同质化时，客户难以辨别差异，自然也就难以形成强烈的品牌偏好，主要表现为两个方面。

高度相似：产品服务一个样

当企业缺乏原创思维和创新勇气时，往往会选择模仿行业领先者的产品特性、服务模式和品牌调性。这种"看领先者做什么，我就跟着做什么"的思维模式，导致市场上充斥着高度相似的产品和服务。

- **功能特性趋同**：企业间竞相模仿对方的产品功能，导致产品特性几乎无差别，难以形成独特卖点。
- **客户体验雷同**：从包装设计到使用流程，从售前咨询到售后服务，企业间的差异越来越小。
- **品牌形象模糊**：企业品牌定位和传播信息缺乏鲜明特色，客户难以在众多选择中清晰辨认和记忆特定品牌。

当市场中充斥着"复制品"时，客户难以感知品牌间的实质差异，更谈不上建立强烈的品牌偏好和选择忠诚。

大同小异：市场策略差不离

同质化的第二个表现是企业市场策略的趋同，具体表现如下。

- **营销渠道雷同**：企业纷纷涌入相同的营销渠道，从传统媒体到数字平台，几乎所有竞争对手都采用相似的渠道组合。
- **促销手段类似**：从打折促销到会员优惠，从节日活动到季节性促销，企业间的营销活动创意匮乏，难以给客户留下深刻印象。
- **价格区间重叠**：定价策略缺乏差异化思考，产品价格区间高度重叠，导致客户主要基于价格而非价值进行选择。

● **品牌叙事平淡**：企业品牌故事和情感诉求趋于平淡，缺乏独特的情感连接点和价值主张。

这种市场策略的同质化使得企业难以在激烈的竞争中脱颖而出。客户面对众多相似的选择时会感到困惑，最终往往基于价格、便利性等短期因素做出购买决策，而非建立长期的品牌忠诚。

📄 **案例**

同质化的德佑卫生用品

德佑在卫生用品领域的经历是典型的同质化困境案例。

德佑的产品线完全跟随行业大厂，大品牌有什么产品，德佑就跟着推出什么产品。从清风、心相印到维达，德佑尝试复制所有成功品牌的产品线，结果从婴童到个护全覆盖，产品种类繁多——干湿巾 27 款、洗手液 16 款、纸巾 38 款、消毒液 8 款。

德佑试图在每个细分领域都有所布局，但资源过度分散，导致每个品类都难以形成竞争优势。婴儿湿巾、厨房湿巾、消毒湿巾、口腔清洁、家居清洁等产品线的同时存在，使企业无法在任何一个领域建立深度的专业形象。

在营销策略上，德佑同样未能突破行业常规——价格定位接近市场均值，促销活动跟随行业季节性节奏，传播渠道与内容缺乏创新，完全陷入"与竞品无差异化，只能靠打价格战"的困境。

同质化的严重后果

同质化不仅阻碍企业成为不二之选，还会带来三个严重后果，形成恶性循环。

利润微薄：缺乏差异化优势，企业被迫参与价格战，导致行业利润率不断下滑。低利润率限制了研发投入和品牌建设的资金，进一步削弱了企业建立差异化的能力。

市场萎缩：同质化竞争导致市场价值被不断稀释，客户逐渐对品类失去兴趣，市场规模反而会因缺乏创新而萎缩。

品牌力弱： 在同质化的红海市场中，企业难以建立鲜明的品牌形象和忠诚客户群。客户对品牌的辨识度和忠诚度较低，购买决策更多受价格和促销因素影响，频繁在不同品牌间切换。

不二之选的真谛——抢占第一

在商业竞争的丛林中，同质化是最危险的敌人，与同质化形成鲜明对比的是"抢占第一"策略。只有那些敢于挑战现状、建立真实差异、战略聚焦的企业，才能在客户心智中确立不可替代的位置，成为类别中的不二之选。这是企业成为不二之选的关键路径。

抢"第一"特性：只有你有客户关注

抢占"第一"特性意味着企业需要找到并强化一个客户高度关注但市场上尚未被充分满足的特性或需求点。

- **独特价值主张：** 企业需要发现并满足客户尚未被充分满足的核心需求，打造只有自己能提供的独特价值。
- **创新功能特性：** 通过技术创新或设计创新，提供市场上其他竞争对手尚未具备或不擅长的产品特性。
- **独占消费场景：** 在特定的消费场景中建立绝对优势，成为该场景下的首选解决方案。
- **情感连接点：** 建立独特的情感诉求和品牌个性，与目标消费群体形成深度的情感共鸣。

当企业成功抢占一个客户高度关注的"第一"特性时，就能在客户心智中建立清晰的品牌联想，成为该特性的代名词。

抢"第一"地位：某个维度做到第一

抢占"第一"地位是在某个具体的评价维度或指标上确立领先地位。

- **选择有利战场：** 企业需要找到对自己最有利的竞争维度，避开强敌的优势领域。
- **建立评价标准：** 主动设立和传播有利于自己的品类评价标准，引导客户基于这些标准做出选择。

● **量化领先优势**：通过数据和第三方认证等方式，量化并强化自己在特定维度的领先地位。

● **持续强化认知**：通过一致性的市场传播，不断强化客户对企业"第一"地位的认知。

在某个关键维度上确立"第一"地位，能够为企业在激烈的市场竞争中打造一个独特的市场定位和竞争优势。

案例

抢占第一的德佑湿厕纸

面对同质化困境，德佑实施了战略转型，选择专注于湿厕纸这一细分品类，并采取了"抢占第一"的策略。

德佑从众多卫生用品中，战略性地选择了湿厕纸这一细分品类作为突破口。与传统大品牌不同，德佑舍弃了全品类布局的思路，集中全部资源在湿厕纸领域开拓市场。这种聚焦策略使德佑能够在资源有限的情况下，在特定领域建立深度优势。

大品牌对湿厕纸品类往往只是作为产品线的补充，难以投入足够资源；而德佑通过专注湿厕纸，能够在产品研发、供应链优化和市场营销上形成规模效应和专业优势。这种区隔大品牌的战略选择，为德佑开辟了一个相对蓝海的市场空间。

德佑深入洞察客户需求，发现湿厕纸客户最关注的核心价值是"干净"。传统干纸巾无法彻底清洁，而市场上大多数湿厕纸品牌过度强调"温和""无刺激"，忽视了"清洁效果"这一核心需求。

德佑果断抓住湿厕纸"干净"的"第一"特性，从产品配方到包装设计，全面强化"清爽更干净"的核心价值主张，直击客户痛点，将品牌与"干净"这一核心价值牢固绑定，满足了客户的关键需求，建立了鲜明的品牌形象。

通过聚焦和差异化定位，德佑成功在湿厕纸细分市场确立了领导地位，实现了全网销量第一的市场成就。这一成就并非空洞的营销宣传，而是有数据支撑的事实——德佑在主要电商平台的湿厕纸品类中销量领先，市场占有率显著提升。

德佑不仅在销量上领先，更重要的是成功将"德佑＝干净的湿厕纸"的等式植入客户心智。市场调研显示，当客户想到"清洁效果好的湿厕纸"时，德佑已成为首选品牌。这种心智占领是品类领导者的核心标志，也是德佑从众多竞争对手中脱颖而出的关键。

抢占第一带来的好处

成功实施"抢占第一"策略的企业能够收获三大核心价值。

获得溢价： 成为不二之选的品牌能够获得客户认可的溢价能力，摆脱价格战的泥潭。客户愿意为认可的价值支付更高价格，企业毛利率得以提升，形成良性循环。

份额扩大： 第一品牌能够实现市场份额的持续扩大。一方面，现有客户增加购买频次和单次消费金额；另一方面，口碑效应不断吸引新客户。

品牌力强： 在特定品类或特性上建立"第一"地位，使品牌在客户心智中形成清晰定位和强烈联想。品牌识别度和忠诚度显著提升，降低了营销成本，增强了市场抗风险能力。

抢定位方法论——抢占第一，不二之选

德佑湿厕纸的成功转型启示我们，实现不二之选的地位并非遥不可及。通过系统性的"抢定位"方法论，企业可以从同质化泥潭中突围，在竞争激烈的市场中建立独特而牢固的品牌地位。

"抢定位"方法论的核心在于"抢占第一"，帮助企业在客户心智中建立清晰的品牌联想，成为某一特定价值或需求的代名词。企业要想成为客户心智中的不二之选，可以采用三种抢定位策略。

1.对立第一——挑战巨头凸显差异

"对立第一"策略是通过与行业领导者形成鲜明对比，建立差异化定位。这一策略包含三个关键步骤。

锁定主要竞品

明确确定主要的竞争对手，通常是行业领导者或客户心智中的第一品牌。

例如，云南白药创可贴锁定邦迪作为其主要竞争对手。邦迪作为创可贴品类的开创者和全球领导者，在中国市场占据主导地位。之所以选择邦迪作为对手，而非其他创可贴品牌，是因为邦迪已在客户心智中树立了最强烈的品类联想，代表了这一品类的传统标准。客户提到创可贴，首先想到的往往是邦迪。正是这种强大的心智占位，使邦迪成为云南白药必须面对的主要竞争对手。

找出竞品短板

分析竞争对手的产品特点，找出其弱点或未满足的客户需求。

云南白药发现，在客户认知中，邦迪创可贴实际上等于一条普通胶布，缺乏药物治疗功能。这是邦迪传统竞争优势背后的弱点，也是云南白药的机会点。

要想在同质化的背景下破局，云南白药创可贴就必须打破邦迪设定的产品概念认知链，避开邦迪传统的竞争优势元素，构建自己的竞争优势。

找出竞品短板的关键在于，不是简单地寻找产品的不足，而是要发现客户真正关心但尚未被满足的核心需求。邦迪在防水、防尘、保护伤口等功能上表现出色，但在促进伤口愈合方面并无特别优势，这正是云南白药可以切入的差异化空间。

精准对立打击

基于竞争对手的弱点，实施精准对立打击。

云南白药将"含药"作为市场突破点，通过"胶布加点白药""从无药到有药"的定位，巧妙地将自身产品与竞争对手区分开来，实现了差异化突围。

云南白药没有试图在邦迪已建立优势的防水、透气等属性上竞争，而是另辟蹊径，在伤口愈合的治疗功能上构建了全新的认知规范。这样就在整个行业里建立了一个新的评价标准，使得客户在选择创可贴时多了一个关键考量维度。

精准对立打击的精髓在于创造认知上的鲜明对比，让客户一眼就能看出你的品牌与行业领导者的区别，并且这种区别对客户有实质性的价值。云南白药成功地将自己定位为"药物型创可贴"，与邦迪的"保护型创可贴"形成了清晰的对立。

"对立第一"策略的实施要点

要成功实施"对立第一"策略，企业需要注意以下几个关键点。

选择有意义的对立点

对立点必须是客户真正关心的，能够成为购买决策的关键因素。无意义的对立只会浪费企业资源，无法在客户心智中形成有效记忆。云南白药的"含药"之所以成功，正是因为触及了客户的核心需求——伤口愈合。

立足于真实优势

对立定位必须建立在企业真实能力和产品特性的基础上，不能仅是营销噱头。没有真实产品差异支撑的对立定位，难以经受市场检验，甚至可能引发负面口碑。云南白药确实添加了具有治疗效果的中药成分，这些真实优势是它成功的基础。

清晰传达对立点

在产品包装、广告传播等各个客户接触点，都要清晰、一致地传达对立点。客户面对的信息过载环境，要求品牌传播必须简单直接。云南白药在包装上突出"正伤、消炎、镇痛、愈创"等功效，是传达对立点的有效方式。

长期坚持

一旦确立对立定位，需要长期坚持，使其深入客户心智。品牌定位不是一蹴而就的，需要持续强化才能在客户心智中形成稳固记忆。云南白药持续强化其差异化定位，没有因短期市场变化而改变策略方向。

"对立第一"策略的适用情境

"对立第一"策略并非放之四海而皆准，它特别适合以下情境。

面对强势领导品牌时

当市场中存在一个强势领导品牌，直接模仿或正面竞争难以取胜时，"对立第一"策略可以帮助企业避开正面交锋，开辟差异化赛道。这种情况下，找出领导品牌的弱点或盲区，建立鲜明对立，往往比正面挑战更有效。

客户需求多元化时

随着消费升级，客户需求日益多元化，原有领导品牌难以满足所有细分需求，为后来者提供了差异化机会。在这种情况下，抓住领导品牌未能充分满足的细分需求，建立对立定位，能够赢得特定消费群体的青睐。

行业存在明显痛点时

当行业领导品牌可能因关注主流市场而忽视某些消费痛点时，这为后来者提供了切入点。如果你能找到并解决这些痛点，就可以建立有力的对立定位。

拥有可感知差异时

企业必须拥有真实的、可被客户感知的差异化优势，才能支撑对立定位的可信度和持久性。如果没有实质性差异，仅靠营销手段建立的对立难以持久。

通过"对立第一"策略，企业可以在竞争激烈的市场中开辟独特赛道，避开与强势竞争对手的正面竞争，实现错位竞争。这种策略能够帮助企业突破同质化困境，在客户心智中建立鲜明形象，成为特定领域的不二之选。

2.特性第一——聚焦特性精准吸引

"特性第一"策略是通过占据品类中最重要的特性或属性，成为客户心目中的首选。这一策略分为三个关键步骤。

品类的第一性

找到并占据品类中最本质、最基础的特性。

每个产品品类都有其最本质的特性，这是客户购买和使用该品类产品的根本原因。例如：

- 快餐——"快"
- 大件快递——"上楼"
- 电动汽车——"电动化"

这些特性代表了各自品类中客户最基本、最核心的需求。成功的企业总是能够抓住这些第一性特征，并将自身品牌与之紧密关联。老乡鸡抓住了"快"这一快餐的本质特性；德邦物流强调大件快递的"上楼"服务；特斯拉则以电动汽车的"电动化"性能著称。

找到品类的第一性，意味着你理解了客户为什么会购买这一品类产品的根本原因。这种理解将帮助企业在产品开发、营销传播等各个环节做出更精准的决策，更有效地满足客户的核心需求。

客户选择关键点

深入了解客户的决策过程，找出影响最终选择的关键因素。

罗莱家纺的案例很有启发性。罗莱最初尝试多元化发展，改名为"罗莱生活"。但这种战略导致企业资源分散，品牌形象模糊。

通过深入的客户研究，床品有众多功能特性（光泽度、抗皱、不起球、不掉色、抗菌除螨、透气排汗、原料天然无甲醛、柔软、抗过敏等），罗莱发现在众多床品属性中，"柔软"是客户最关注的核心特性。于是，罗莱重新聚焦，确立了"超柔"定位，推出"罗莱超柔床品"，精准抓住了客户的核心需求。

找出客户选择关键点的过程，需要超越表面现象，深入客户的真实使用场景和情感需求。企业需要问自己：客户在众多功能特性中，真正在乎的是什么？购买决策的最后一公里，是什么因素让客户最终选择了一个品牌而放弃了另一个？

通过客户深度访谈、使用场景观察、购买决策追踪等研究方法，企业可以发现表面功能背后的深层次需求，从而找到真正的客户选择关键点。

差异化制胜点

在关键特性上建立独特的差异化优势。

化妆品行业的例子很典型，各大品牌通过不同颜色的"小瓶"建立了鲜明的品牌识别：

- SK-II 小红瓶
- 兰蔻小黑瓶
- 雅诗兰黛小棕瓶
- 赫莲娜小绿瓶

这种视觉差异化使客户能够一眼辨认，同时也在特定功效上建立了品牌联系。

差异化制胜点不仅是产品特性的差异，更重要的是在客户心智中建立特有的联想。SK-II 小红瓶凭借其独特配方，成为抗老领域的有力代表；兰蔻小黑瓶以强大修护成分，赋予肌肤重生力量；雅诗兰黛小棕瓶借助契合生物钟的科技，在夜间全方位滋养呵护肌肤；赫莲娜小绿瓶凭借高浓度海洋堇原生细胞提取物，有效强韧肌肤屏障，提升肌肤自愈力。这些差异化不仅存在于产品本身，更存在于客户对品牌的认知中。

建立差异化制胜点的关键是创造具有识别性的视觉符号或传播语言，将品牌与特性牢固绑定，形成客户无法混淆的独特联想。这种差异化必须是可持续的，难以被竞争对手复制的，并且对客户有实质性价值的。

"特性第一"策略的实施要点

要成功实施"特性第一"策略，企业需要把握以下关键环节。

深入洞察消费需求

不要仅通过表面调查了解客户，而应通过深度访谈、场景观察等方式，发现客户可能自己都没有清晰表达的深层次需求。这种深入洞察能力往往是发现品类核心特性的关键。罗莱正是通过深入的客户心智调研，才发现"柔软"是床品的核心特性，而非其他诸如抗菌、透气等技术指标。

资源聚焦于核心特性

一旦确定了核心特性，就要将企业的研发、生产、营销等资源聚焦于打造和传播这一特性，避免资源分散。这需要企业有战略定力，敢于放弃一些看似有吸引力的方向。德佑专注于湿厕纸单一品类，集中资源打造"干净"特性，正是这种聚焦使其能够在核心特性上做到极致。

全方位一致性执行

从产品设计、包装视觉到营销传播，都要围绕核心特性保持一致性。这种一致性能够强化客户记忆，加速品牌与特性的关联建立。罗莱在产品名称、宣传语、产品体验等各个环节都强化"超柔"特性，形成了强有力的品牌联想，使客户想到柔软床品就会想到罗莱。

持续创新保持领先

占据核心特性只是第一步，还需通过持续创新保持优势，避免被竞争对手模仿或超越。化妆品行业的"小瓶"产品不断推出新款、新配方、限量版等，正是为了保持客户的兴趣和品牌在该特性上的领先地位。这种创新必须围绕核心特性展开，而非盲目多元化。

"特性第一"策略的适用情境

"特性第一"策略在以下情境中尤为适用。

品类成熟但品牌同质化

当产品品类已被客户广泛接受，但品牌差异化不明显时，抓住品类核心特性可以帮助品牌从竞争中脱颖而出。在这种情况下，客户已对品类有基本认知，但难以区分不同品牌，谁能抓住核心特性并做到极致，谁就能在客户心智中占据优势地位。

品类认知尚不清晰

当客户对品类有需求但认知不清晰时，占据品类"第一"特性可以帮助品牌成为品类代表，引领客户认知。例如，在湿厕纸品类发展早期，客户对这一品类的理解还不全面，德佑通过抓住"干净"特性，帮助客户明确了品类价值，同时也确立了自身在品类中的领导地位。

企业资源有限

对于资源有限的中小企业，聚焦资源打造品类核心特性是更有效的策略，而非分散资源与大品牌全面竞争。通过资源聚焦，即使是中小企业也能在特定领域建立竞争优势，实现弯道超车。德佑正是采取这种聚焦策略，在湿厕纸这一细分品类中，成功超越了舒洁、维达等传统强势品牌。

客户有明确痛点

当现有产品无法充分满足客户某一核心需求时，聚焦解决这一痛点可以成为品牌的制胜点。企业需要敏锐识别这些未被满足的需求，并将其转化为产品特性。罗莱发现市场上大多数床品虽然功能多样，但在"柔软"这一基本体验上不尽如人意，于是聚焦解决这一痛点，成功建立了品牌优势。

3.地位第一——立足维度抢占高点

抢定位需根据品类发展阶段灵活调整。在"做蛋糕"（从 0 到 1）阶段，企业应采用"对立第一"和"特性第一"策略，抓住核心特性创造并教育市场。

当进入"切蛋糕"（从 1 到 100）阶段，"地位第一"策略变得关键。此时竞争加剧，通过确立第一的市场地位，在客户心智中占据领先位置，从而实现从品类创造到市场领导的转型。

"地位第一"策略是通过在某个重要维度上取得第一的位置，建立品牌权威性。这一策略包括三种主要方式：销量第一、技术领先和品类开创者/领导者。

销量第一

销量第一是最直接、最有说服力的地位证明。客户往往认为"大家都在买的产品一定有其过人之处"，这种从众心理使销量领先成为强有力的品牌背书。

杰克缝纫机创立于 1995 年，起初面临兄弟、重机、飞马等品牌的强大竞争。

在"做蛋糕"阶段，杰克发现中小企业客户最需要的是高效服务。当时众多服装厂遇到设备问题时，常常得不到及时响应，影响生产进度。抓住这一痛点，杰克将自身定位为"快速服务 100%"的专业设备供应商，建立了快速响应的服务网络，迅速赢得了中小企业客户的青睐。

随着品牌发展，杰克意识到市场已进入"切蛋糕"阶段——竞争更加激烈，客户需求更加多元化。此时，仅靠服务定位已不足以支撑持续增长。杰克转向聚焦工业缝纫机领域，通过产品创新和市场拓展，最终实现了"连续 14 年工业缝纫机全球销量第一"的成就。

这一销量第一的地位成为杰克最有力的品牌背书——客户普遍认为"大家都在买的产品一定有其过人之处"。全球缝纫设备行业的领导者已不再是兄弟或重机，而是中国的杰克。这一市场地位让杰克能够引领行业标准，并在国际市场上与百年老牌企业平等对话。

企业必须根据品类发展阶段灵活调整策略，在市场初期，解决痛点是开创品类的关键；而当市场成熟后，建立"第一"地位则成为持续领先的制胜法宝。

技术领先

技术领先为品牌提供了强大的背书和差异化优势，让客户相信该品牌能提供更先进、更优质的产品和服务。

典型案例包括：

- **科大讯飞**：中国领先的智能语音技术
- **华为**：全球顶尖的通信技术

科大讯飞凭借在智能语音和人工智能领域的技术积累，建立了"AI 技术领导者"的品牌形象。华为则通过在通信技术领域的持续投入和创新，成为全球 5G 技术的引领者之一。

技术领先的优势在于，它为品牌提供了难以模仿的核心竞争力。与价格促销等短期营销手段不同，技术优势需要长期积累，竞争对手难以在短时间内赶超。此外，技术领先还能为品牌带来溢价能力，客户愿意为领先技术支付更高价格。

然而，技术领先策略也面临挑战。首先，技术优势需要转化为客户能够感知的价值，否则难以影响购买决策。其次，技术发展日新月异，企业需要持续投入以保持领先地位。

对实施技术领先策略的企业，建议将技术优势与客户利益紧密结合，用通俗易懂的语言阐述技术如何改善客户体验，避免陷入技术细节而忽视客户感受。同时，建立持续创新机制，保持技术领先的持久性。

品类开创者 / 领导者

作为品类的开创者 / 领导者，品牌可以定义行业规则和客户预期，这是一种强大的市场地位。

成功案例包括：

- **元气森林无糖气泡水：**开创了国内无糖气泡饮料新品类
- **今麦郎凉白开：**率先将一种习惯性行为（饮用白开水）产品化
- **溜溜梅梅冻：**创新梅子零食形态，开创新细分品类

元气森林抓住健康饮食趋势，将"0 糖 0 脂 0 卡"作为核心卖点，开创了国内无糖气泡饮料品类，成为该品类的代名词。今麦郎凉白开则将日常饮用白开水的行为产品化，开创了"熟水"品类，树立了自身"熟水全国销量领先"的地位。溜溜梅通过创新产品形态，将传统梅子零食演变为更便携、更易食用的梅冻，成为这一细分品类的领导者。

品类开创者 / 领导者策略的核心优势在于，先发制人的市场教育和心智占位。作为品类的首个或主要品牌，客户往往将其视为该品类的标杆和参照。这种心智占位一旦形成，后来者很难撼动，即使提供相似或更好的产品。

对于实施品类开创者 / 领导者策略的企业，关键是要进行持续的市场教育，让客户理解新品类的价值和使用场景；同时保持创新步伐，不断完善产品，巩固领导地位；此外，还要建立品类壁垒，如专利保护、供应链整合等，延缓竞争对手跟进的速度。

"地位第一"策略的实施要点

要成功实施"地位第一"策略，企业需要把握以下关键环节。

选择有意义的"第一"

并非所有的"第一"都具有相同的市场价值。企业需要选择对客户有意义、

能影响购买决策的维度。例如，"全球工业缝纫机销量第一"对服装企业客户有实际参考价值，而"社交媒体提及率第一"可能对消费决策影响有限。选择的"第一"应当与品牌核心价值主张一致，能够强化品牌定位。

确保"第一"的真实性

"第一"主张必须有真实依据，可以经受市场和竞争对手的检验。虚假或夸大的"第一"宣传不仅可能面临法律风险，更会损害品牌诚信。企业应寻求权威第三方的认证或数据支持，如行业协会认证、市场研究机构数据等，增强"第一"主张的可信度。

持续强化"第一"地位

获得"第一"地位只是起点，保持和强化这一地位才是长期挑战。企业需要持续投入资源，通过产品创新、服务升级、营销传播等手段，巩固"第一"优势。杰克缝纫机之所以能保持14年全球销量第一，正是因为在保持服务优势的同时，不断提升产品性能和可靠性。

全方位传播"第一"价值

"第一"地位需要通过有效传播才能转化为品牌资产。企业应在各个客户接触点，如产品包装、广告宣传、销售环节等，强调"第一"地位及其对客户的价值意义。传播重点不仅是"我们是第一"，更要解释"作为第一对您意味着什么"，将"第一"与客户利益紧密关联。

"地位第一"策略的适用情境

"地位第一"策略在以下情境中尤为适用。

市场竞争激烈

在竞争激烈的市场中，客户面临众多选择，决策成本高。这时，"第一"地位可以作为简化决策的信号，帮助品牌从竞争中脱颖而出。杰克缝纫机正是在充分竞争的市场环境中，通过建立销量第一的地位，赢得了市场认可。

客户专业知识有限

当客户对产品专业知识有限，难以评判产品真实质量时，他们往往依赖"第一"等外部信号做出决策。这种情况常见于技术复杂的产品，如通信设备、医疗器械等。华为在通信设备领域建立的技术领先地位，正是在这种情境下发挥了关键作用。

新兴市场或新品类

在新兴市场或新品类中，客户尚未形成稳定的品牌偏好，先行者通过建立"品类开创者"或"领导者"地位，可以获得先发优势。元气森林在无糖气泡饮料品类中的成功，正是抓住了这一战略机遇。

企业具备持续创新能力

"地位第一"策略需要企业持续保持领先优势，这要求企业具备持续创新的能力和资源投入。科大讯飞之所以能保持智能语音技术的领先地位，正是因为其持续的研发投入和技术创新。

通过"地位第一"策略，企业可以建立强大的品牌权威性，获得客户的优先考虑和信任。无论是销量第一、技术领先还是品类领导者 / 开创者，这些"第一"地位都能有效提升品牌竞争力，帮助企业在激烈的市场竞争中占据有利位置，成为客户心智中的不二之选。

实战案例：一家调味品企业如何从同质化到"零添加第一"

通过上述三种抢定位策略的分析，我们已经了解了企业如何通过对立第一、特性第一和地位第一来建立差异化优势。下面，让我们通过千禾酱油的完整案例，看看一个企业如何系统运用"抢占第一"，实现从同质化到"零添加第一"的华丽转身。

千禾味业成立于 1996 年，位于四川眉山，主要生产酱油、醋、调味品等。长期以来，由于产品高度同质化，品牌一直不温不火。酱油行业竞争激烈，海天、李锦记等强势品牌占据主导地位，千禾如何突破重围？

锁定海天成为主要竞品

千禾明确将行业领导者海天味业锁定为主要竞争对手。海天成立于 1955 年，是中国最大的专业调味品生产企业，产品涵盖酱油、蚝油、醋等多个系列，主打产品是味极鲜。

选择海天作为对标对象，一方面是因为海天是行业绝对领导者，在客户心智中有最强的品类联想；另一方面也是基于对市场和竞争格局的深入分析，千禾发现了海天产品的潜在弱点。

发现海天"添加剂"短板

研究发现，海天味极鲜"鲜"的背后是含有大量添加剂。特别是在 2022 年海天酱油国内外"双标"事件中，客户发现在日本销售的海天老抽配料表上只有"水、大豆、食盐、砂糖"，而国内版本还包含多种添加剂。这一事件引发了公众对添加剂的广泛关注，成为海天的弱点，也是千禾的机会点。

与此同时，千禾通过市场研究发现，日本市场的零添加酱油已占据家庭零售渠道酱油市场份额的 60%，这表明在高端酱油市场中，具有成长潜力的新品类是零添加酱油。这一发现为千禾的战略转型提供了方向。

确立"零添加"定位

千禾敏锐地抓住这一机会，针对年轻客户（孕妇、年轻妈妈、中产阶级等）的健康消费需求，确立了"零添加"定位。其产品明确标称"零添加味精、零添加色素、零添加防腐剂"等，与竞品形成鲜明对比。

千禾将大大的"0"字作为品牌视觉符号，在产品包装、传播口号等各个环节强化"零添加"概念。同时，千禾还通过"大豆小麦酿造，天然好味道"的宣传，进一步强调产品的自然、健康特性。

在海天"双标"事件中，千禾保持低调，表示"关于海天风波不做过多评论，公司将踏踏实实做好产品，零添加产品今年占比将达到 50% 以上"，以实际行动赢得客户信任。这种处理方式既避免了直接攻击行业巨头带来的反弹风险，又巧妙地强化了自身的差异化定位。

建立零添加酱油市场领导地位

在确立"零添加"定位后，千禾进一步实施"地位第一"策略，致力于成为零添加酱油细分市场的领导者。

首先，千禾扩大零添加酱油产能，确保产品供应能够满足市场需求。其次，千禾积极布局电商渠道，在天猫、京东等主要电商平台建立旗舰店，通过有效的内容营销和客户互动，提升品牌曝光和转化率。

通过这些努力，千禾成功建立了"零添加酱油市场份额第一"的领导地位，并连续两年成为双十一酱油类销量第一。这些"第一"成就为千禾提供了强有力的品牌背书，进一步巩固了其在零添加酱油品类中的领导地位。

千禾的成功证明，即使在高度同质化的传统行业中，企业只要能找到有效的差异化定位点，并通过系统的策略实施，同样可以实现从追随者到领导者的转变，成为特定领域的不二之选。

这一案例生动地展示了"对立第一"（锁定海天，发现添加剂短板）、"特性第一"（抓住"零添加"特性）和"地位第一"（建立市场份额第一、销量第一的地位）三种策略如何协同作用，帮助企业实现"先抢再霸，半年破局，三年称王"的战略目标。

抢定位工具

抢定位——抢占第一，不二之选

维度	现状	优化	品类检验三大要点
对立第一			□客户认不认
特性第一			□员工用不用
地位第一			□对手恨不恨
参考工具			

对立第一三步骤：找出竞品短板、锁定主要竞品、精准对立打击

特性第一三关键：客户选择关键点、品类的第一性、差异化制胜点

地位第一三方式：技术领先、销量第一、开创者/领导者

本章总结

好定位的标准——不二之选

不二之选才能实现高忠诚、强定价、快成长

不二之选的两大挑战：要么唯一、要么第一

不二之选的陷阱——同质化

    高度相似：产品服务一个样

    大同小异：市场策略差不离

不二之选的真谛——抢占第一

    抢"第一"特性：只有你有客户关注

    抢"第一"地位：某个维度做到第一

抢定位方法论——抢占第一，不二之选

    1. 对立第一——挑战巨头凸显差异

    2. 特性第一——聚焦特性精准吸引

    3. 地位第一——立足维度抢占高点

第三章

抢爆品——引爆品类

在商场如战场的今天，一款爆品往往能够改变企业的命运，甚至重塑整个行业的格局。

什么是爆品

爆品不仅仅是销量好的产品，而是能够迅速占领市场、牢牢锁定客户心智、引爆整个品类的现象级产品。它就像商业世界的"独角兽"，以惊人的速度崛起，迅速改变市场格局。

当一个产品成为爆品，它不仅仅是销售数字的飙升，更是品牌影响力的几何级增长。

好爆品的标准——引爆品类

市场上每天都有无数新品上市，但真正能引爆市场、成为现象级产品的却寥寥无几。通过研究市场上经过验证的爆品案例，我们可以发现这些成功产品都具备三个关键特质。

是品类破圈，不是产品优化

真正的爆品不是对现有产品的简单改良，而是能够打破品类边界、创造新的消费场景、吸引原本不属于该品类客户的创新产品。它不只满足存量市场需求，更能创造增量市场机会。

案例

元气森林白桃味气泡水

元气森林的白桃味气泡水是品牌真正走向爆品的关键产品。这款产品凭借"0糖0卡0脂"的特性，结合中国客户喜爱的白桃口味，实现了从小众饮品到大众爆款的跨越。白桃味气泡水不仅满足了传统碳酸饮料客户对口感的需求，更关键的是吸引了大量健康人群、减肥人群和糖尿病患者等原本不会选择碳酸饮料的客户。这款单品月销量突破千万瓶，成为打开元气森林品牌知名度的第一把钥匙，也使"无糖气泡水"从小众饮品成为饮料市场的主流品类，实现了真正的品类破圈。

是热度飙升，不是毫无声量

爆品有能力持续创造话题，在市场上形成持久的热度，而非昙花一现的热销。真正的爆品能够长期占据客户的讨论空间，创造出不断增长的市场关注度。

案例

坦克 300 潮玩越野

坦克 300 作为长城汽车旗下的硬派越野 SUV，自 2021 年上市以来迅速成为持续的市场热点。它成功打造了"潮玩越野"的全新品类，特别吸引了追求个性表达的城市和城镇青年群体。

坦克 300 的成功关键在于双重突破：一方面，以亲民价格提供了专业级越野性能；另一方面，通过独特的军事风格设计和时尚潮流元素融合，满足了年轻客户彰显个性、追求差异化生活方式的需求。

这款车型不仅在销量上持续走高，更成功创建了一种新的用车文化和生活态度。通过线上社区和越野活动，坦克 300 建立了忠实粉丝群体，使其从单纯的交通工具转变为身份象征和社交媒介。客户不仅购买产品，还积极参与品牌组织的各种活动，自发在社交媒体分享使用体验，形成了持续的市场热度和话题性。

是占据心智，不是无人认知

真正的爆品能够在客户心智中占据明确且独特的位置，形成难以替代的认知优势。这种心智占领使产品能够在众多竞品中脱颖而出，并获得持久的品牌记忆点。

案例

花西子东方彩妆

花西子凭借"东方美学"的品牌定位，在国产彩妆市场创造了多款爆品。无论是具有中国传统雕花设计的眼影盘，还是融合古风元素的唇膏和散粉，花西子的产品都通过独特的东方美学设计语言，与市场上大多数西式彩妆形成鲜明对比。

与许多通过明星代言、低价促销来收割流量的国产彩妆不同，花西子通过将传统美学元素与现代彩妆技术相结合，在客户心智中建立了"东方彩妆"的独特认知位置，即使面对国际大牌和众多国货竞品，仍能保持独特的市场地位和品牌溢价能力。

当客户想到"中国风彩妆"时，花西子往往是第一个浮现在脑海中的品牌，这种心智占领为品牌创造了难以被竞争对手轻易撼动的竞争壁垒。

好的爆品是抢定位落地的关键载体，它通过品类破圈扩大市场空间，通过引爆持久热点建立长期竞争优势，通过认知占领形成难以替代的品牌资产。企业在打造爆品时，应当超越短期销量思维，着眼于建立可持续的品牌竞争力。

为什么要引爆品类

成功引爆品类的企业能够获得巨大的市场优势和商业回报，而未能实现品类引爆的企业则面临严峻的生存挑战。了解引爆品类带来的关键价值，对于企业战略决策至关重要。

建壁垒：让模仿者难以逾越

引爆品类的企业能够建立强大的竞争壁垒，从技术、品牌、渠道等多维度形成难以复制的优势。这种壁垒能够有效延缓竞争对手的追赶，为企业创造持久的领先地位和稳定的市场空间。

相反，未能引爆品类的企业往往面临对手赶超，难守先机的困境。缺乏差异化优势和先发优势，企业很难在客户心智中确立独特位置，产品和服务容易被模仿和替代。无论投入多少资源进行创新，如果没有形成品类引爆效应，这些努力都可能沦为竞争对手的"免费教材"，创新成果被迅速复制和超越，先机优势难以持续。

造价值：让客户甘愿出高价

引爆品类的企业能够在客户心智中建立独特的价值认知，使客户愿意主动支付溢价。这种价值创造能力源于品类引领者所建立的差异化优势和情感连接，让企业突破同质化竞争，获得更高的利润空间和更强的市场韧性。

然而，未能引爆品类的企业常常陷入价值模糊，难卖高价的困境。缺乏鲜明的价值主张，企业只能依靠价格优势争夺客户，利润率不断被压缩。即使增加研发和营销投入，也难以获得相应的市场回报，长期处于"高投入、低回报"的恶性循环，最终可能面临生存危机。

赢信任：让客户放心去购买

引爆品类的企业能够建立起客户的深度信任，成为品类的代名词和首选参考。客户在决策过程中自然而然地想到这一品牌，减少了决策摩擦和购买顾虑。这种信任资产是企业最强大的竞争优势，能够带来持续的客户忠诚和口碑传播。

相比之下，未能引爆品类的企业面临信任薄弱，难获认同的局面，即使产品本身具备一定优势，也常常被客户忽视或怀疑。客户在购买决策中需要花费更多精力进行比较和验证，提高了获客成本和转化难度。在信任缺失的情况下，企业不得不投入更多资源于短期促销，而非长期品牌建设，进一步恶化了经营状况。

案例

OOU 黑刀的品类引爆

OOU 厨房用品的转型历程生动展示了品类引爆的价值与未引爆的风险。这家企业最初面临典型的"未引爆"困境：产品线极为庞杂，同时经营刀具、菜板、锅具、调料瓶、剪刀等多种厨房用品。

这种"大而全"的策略导致 OOU 无法建立有效壁垒，产品容易被竞争对手替代；缺乏差异化导致价格竞争激烈，利润率持续下滑；客户对品牌认知模糊，缺乏信任感和忠诚度。即使刀具领域有一定实力，也难以获得渠道和客户的重视。内部员工描述："刀具颇有实力，但关注度低，缺少资源，不知如何打造品牌。"

面对这一困境，OOU 做出了战略性决策：将产品线聚焦到黑刀，通过开创"时尚厨刀"新品类，OOU 成功实现了品类引爆，带来了三重战略价值。

首先，独特的黑色设计语言和德国进口钢材工艺建立了强大的竞争壁垒，使产品难以被简单模仿；其次，"时尚与实用并重"的价值主张赋予产品独特价值，让客户甘愿支付高于普通厨刀的价格；最重要的是，专注黑刀的战略为品牌赢得了客户的深度信任，成为"时尚厨刀"的代名词，客户购买决策更加坚定自信，带动 2022 年推出的"鲸系列"刀具登上天猫热销榜榜首，使店铺销售额同比增长 14 倍。

OOU 从"样样都做"到"专注黑刀"的战略转型，清晰展示了品类引爆如何帮助企业摆脱"易突破、难盈利、缺信任"的困境，实现从市场追随者到品类领导者的华丽蜕变。这一案例有力证明，在激烈的市场竞争中，引爆品类已不再是增长的加速器，而是企业生存和发展的基础条件。

引爆品类的三大挑战

成功的爆品不仅为企业带来销售增长和品牌提升，更能形成品类突破的飞跃。然而，在实现引爆品类的路上，企业往往面临着三大关键挑战，理解并有效应对这些挑战，才能实现爆品的真正价值。

爆品打造：打磨极致产品功能

品类引爆的基础是拥有一款真正的爆品，这需要企业在产品功能上实现突破性创新，打造出极致的客户体验。企业必须聚焦于产品的核心价值，不断打磨和优化关键功能。

功能突破：企业需要在产品的核心功能上实现质的飞跃，解决客户痛点或创造新的使用场景。这种突破不一定是颠覆性的技术创新，但必须能带给客户明显的价值提升，形成与竞品的差异化优势。通过持续的研发投入和客户需求洞察，找到产品功能的突破口。

体验升级：除了核心功能的突破，产品的整体使用体验同样至关重要。这包括产品的易用性、可靠性、美观度等多个维度。优秀的爆品往往能在细节处打动客户，创造出令人惊喜的体验细节，从而促使客户主动分享和推荐，形成口碑传播的良性循环。

认知破局：扭转客户固有认知

新品类的建立往往需要挑战客户的固有认知，改变已经根深蒂固的消费习惯和评价标准。这种认知转变是一个系统性工程，需要企业在沟通策略和触达方式上做出创新。

转变观念：客户对已有品类常有固定印象，新品类的价值主张需要清晰、有力地传递。企业需要通过简单直接的语言和具体生动的场景，帮助客户理解新品类的独特价值，从而愿意尝试新的解决方案。这种认知转变不是一蹴而就的，需要持续、一致的市场教育。

高效触达： 在信息爆炸的时代，如何让目标客户接收到核心信息是巨大挑战。企业需要找到最有效的渠道组合，精准触达目标客群，提高沟通效率。这可能需要创新的媒体策略和内容形式，打破传统营销的局限。

信任构建：筑牢消费信任壁垒

新品类往往意味着未知和风险，客户在尝试新品类时自然会有所顾虑。建立并强化客户的信任壁垒，是品类引爆不可或缺的环节。

打造口碑： 良好的客户体验是最有力的信任来源。企业需要确保产品品质过硬，服务体验优秀，从而赢得早期客户的好评和自发传播。这种自然形成的口碑传播比任何商业广告都更具说服力，是新品类建立信任的基石。

各种背书： 在信任建立的初期阶段，各类背书能够有效降低客户的尝试门槛。这包括权威认证（如行业标准、专利技术）、专家推荐、媒体报道等第三方背书，以及企业自身的品牌背书、售后保障等。这些背书共同构成一个信任网络，帮助客户克服对新品类的疑虑。

📑 案例

常青树隔音隔热窗的品类引爆

润家门窗起步于传统的铝合金门窗制造业务，随着市场环境变化，企业面临着严峻挑战。TOB市场竞争加剧，利润不断被压缩；个性化定制需求增加，却苦于没有系统化的解决方案；产品同质化严重，难以在众多竞争对手中脱颖而出。公司高管经常讨论转型问题，但始终找不到明确方向。

在与润家接触的过程中，负责人及团队多次提到："当时我们就像一艘没有罗盘的船，知道需要转变，却不清楚该往哪个方向走。建筑门窗、智能门窗、系统门窗、节能门窗……我们一度考虑过全面跟进，结果只是让自己更加迷茫。"

有一次我在工商联常执委会议上分享，润家的孔总听完立即决定深入学习。孔总说："短短半天的课程，却给了我们全新的思考角度。"在后来学习过程中，润家也逐渐明确了未来发展方向，因此孔总又决定启动咨询项目，希望在专家的指导下系统性地实施品类称王战略。咨询团队对润家进行了深入调研，包括产品分析、市场走访和竞争格局评估。

通过调研发现在日益严重的城市噪音和极端天气条件下，客户对门窗的隔音隔热性能有强烈需求，但市场上尚未有企业系统性地解决这一问题。

润家瞄准了"隔音隔热窗"这一细分品类，更名为"常青树"，并将产品线聚焦到"隔音隔热窗"，推出"三玻特胶窗"作为核心单品，精准把握了城市噪音污染和居民对舒适居住环境需求上升的市场时机。常青树重新定义了产品价值——从单纯的建筑构件升级为生活品质的重要保障，通过社区活动和精准营销，有效触达了对居住环境品质有较高要求的目标客群。为建立客户信任，企业一方面强化产品品质，获得多项隔音隔热专利认证；另一方面提供终身质保服务，降低客户的购买风险，有效降低了新品类的尝试门槛。

从"样样都做"到"专注一类"的转变，让常青树成功突破了品类引爆的关键挑战，在激烈的门窗市场中建立了独特的品牌地位。产品溢价显著提升，毛利率比行业平均水平高出 20% 以上。

"如果没有品类称王战略的指导，我们可能还在跟风竞争对手，陷入无休止的价格战中。"润家负责人总结，"找准自己的品类定位，并系统性地引爆它，这是我们转型成功的关键。"

单品狂飙能为企业带来品类突破、心智占位、价值定价等全方位价值。然而，尽管单品狂飙的理念被广泛认可，绝大多数企业却未能实现这一目标。究其原因，在于大多数企业都陷入了一个共同的战略误区——"赌多品"思维。

引爆品类的陷阱——赌多品

引爆品类需要突破多重挑战，而大多数企业难以实现"引爆品类"的关键原因在于战略路径的选择错误。在市场竞争中，企业往往陷入一个常见的误区——分散资源的"赌多品"策略。

大多数企业倾向于"赌多品"策略，这一路径有两个典型特征。

摊大饼：多品押注缺乏聚焦

企业试图通过铺开多条产品线，同时满足不同细分市场的需求，希望"广撒网"能增加成功概率。这种多线作战的思维看似合理，实则导致资源过度分散，无法在任何一个品类形成突破性优势。研发团队被迫同时开发多个产品，营销资源被多条产品线瓜分，各业务单元之间甚至可能存在内部竞争，最终导致各产品线都难以达到市场领先地位。

拼价格：通过低价抢占市场

缺乏差异化优势的企业往往陷入价格战的泥潭。由于产品特性无法形成明确区隔，企业只能通过降低价格来争取市场份额。这种以价格为核心的竞争策略不仅压缩了利润空间，还可能引发恶性循环：低价导致无力投入研发和品牌建设，进一步弱化差异化能力，最终只能继续依靠低价竞争。

📄 案例

"赌多品"的康巴赫

康巴赫在转型前是典型的"赌多品"企业。该品牌曾同时经营炒锅、汤锅、奶锅等 20 多个品类，表面上产品线丰富，似乎能满足不同客户需求。但实际结果是由于资源分散，各品类都无法形成明显优势，主要依赖 OEM 代工生产，自有品牌占比低，产品同质化严重，缺乏差异化竞争力。

在市场策略上，康巴赫主打 79~99 元的低价位段，完全依靠价格战争夺市场。这种价格导向的策略虽然能带来短期销量，但严重损害了品牌价值和盈利能力。此外，康巴赫还采取了短视的销售手段，包括传统渠道铺货、大量返点促销和线上平台跟风打折，短期内确实带来销量增长，但促销结束后，销量迅速回落，品牌忠诚度和复购率维持在极低水平，难以建立长期品牌价值。

赌多品的严重后果

这种路径会导致出现三重严重后果。

资源浪费：有限的企业资源被分散到多个产品线，每个产品都得不到足够投入，研发浅尝辄止，营销雷声大雨点小，最终导致投入产出比低下，企业资源效率大幅降低。

价值模糊：多产品线使企业无法在任何一个品类中形成鲜明的价值定位，产品特色不突出，客户难以辨识企业核心价值主张，导致品牌辨识度下降，市场竞争力减弱。

难获认同：缺乏专注的企业难以在细分市场建立权威性和专业形象，客户对其专业能力产生质疑，品牌忠诚度难以形成，在竞争激烈的市场环境中难以获得目标客户群体的持续认可和支持。

引爆品类的真谛——抢大单品

面对"赌多品"带来的种种危害，如何才能突破这一战略困境，实现真正的引爆品类？答案就在于实施"抢大单品"。这是一种从分散到聚焦、从短期到长期、从价格竞争到价值创造的根本性转变。它要求企业放弃"多、杂、乱"的产品策略，集中优势资源打造真正能够引爆市场的单品，这一路径同样有两个关键特征。

精准选品：洞察需求锁定潜力

成功企业能够通过深入的市场研究和客户洞察，准确识别具有爆发潜力的产品方向。这种洞察不仅关注当前市场热点，更着眼于尚未被充分满足的客户痛点和未来需求趋势，找到最具潜力的突破点。

集中发力：聚焦目标饱和击穿

一旦确定了目标方向，企业集中所有资源进行突破，包括研发投入、生产能力、营销资源和渠道建设等。这种全力以赴的投入确保企业能够在目标领域建立压倒性优势，快速实现市场突破。

案例

"抢大单品"的康巴赫

面对发展困境，康巴赫通过战略调整，从"赌多品"转向"抢大单品"，实现了显著的市场突破。

首先，通过深入的市场调研，康巴赫敏锐洞察到客户对不粘锅的核心痛点：传统不粘锅要么不耐用，要么不够不粘。针对这一痛点，康巴赫集中资源开发了革命性的蜂窝不粘锅,获得8项核心专利,打造出具有明显差异化特性的超级单品。

其次,康巴赫彻底改变了以往的低价策略,将主要产品线定位在199~299元的中高端市场,高端新品更是突破499元价格点。

最后,康巴赫通过各种专业认证和权威背书建立品牌信任,不再单纯依赖短期促销获取流量,形成了基于信任的持久竞争力,获取了超级背书。康巴赫迅速建立了技术壁垒,先后入选国家级"专精特新"小巨人,参与制定行业标准,获得"浙江出口名牌"认证,实现了品牌价值的质的飞跃。

康巴赫蜂窝不粘锅系列帮助品牌在细分市场取得了明显增长,市场份额实现了数倍扩张。更重要的是,品牌定位和客户认知得到了质的提升,从普通厨具品牌转变为高品质厨具的代表之一。

康巴赫的案例生动地验证了"抢爆品"的核心价值:通过聚焦核心产品、构建价值定价、获取权威背书,企业能够从"赌多品"的迷局中走出,实现从单品突破到品牌崛起的战略跨越。

引爆品类带来的好处

这种路径为企业带来了三重价值。

资源高效:集中投入关键领域,确保每一份资源都能产生最大效益,大大提升企业整体运营效率,避免资源分散带来的浪费和低效。

构建壁垒:通过在单一品类的深耕细作,企业能够建立深厚的技术积累和品牌认知,形成竞争对手短期内难以突破的专业优势和信任壁垒。

击穿品类:集中资源的投入使企业能够在目标品类实现压倒性优势,迅速建立市场领导地位,形成难以撼动的竞争壁垒,成为客户心智中的首选品牌。

在引爆品类的实践中,企业必须告别"多而不精"的赌多品思维,转向"精而专注"的抢大单品路径。只有通过准确识别潜力方向,集中资源重点突破,才能在激烈的市场竞争中成功引爆品类,实现从平凡到卓越的战略跃升。

抢爆品的方法论——抢大单品,引爆品类

要实现引爆品类,企业必须系统构建三大核心能力:塑造超级单品、构建超

级定价、获取超级背书。这三大能力形成了完整的爆品打造方法论体系。

1. 超级单品——用大单品打爆市场

超级单品是抢爆品的核心基础。在客户心智中，清晰的认知往往来自聚焦，心智害怕混乱，聚焦一款产品有利于清晰地建立认知。每个成功品牌的背后，几乎都有一款作为"招牌菜"的爆品，它不仅代表着品类特性，更承载着品牌核心定位。

要打造真正能够引爆市场的超级单品，企业需要掌握三个关键策略：选品原则、寻找路径和爆发要素。这三个维度相互支撑，共同构成了超级单品的完整方法论体系。

选品原则：精准定位产品价值

成功的超级单品必须同时满足三大核心原则。

刚需性：解决客户真问题

超级单品必须精准解决客户的真正痛点，满足核心需求，而非创造伪需求。成功的爆品总是精准击中客户的真实痛点，而非企业一厢情愿的"创新"。

喜家德通过虾仁水饺超级单品开到 800 家门店；山姆会员店谷饲牛肉满足了客户对优质肉类的追求；真功夫一款香汁排骨饭成为 30 多年的经典；宝马通过 5 系奠定了运动驾驶豪华车的地位。这些产品之所以能够成为爆品，正是因为它们都满足客户的真实需求。

差异性：有明显区隔点

超级单品必须拥有明显的差异化特性，避免同质化竞争，形成独特的市场定位。元气森林白桃味气泡水以 0 糖 0 卡的健康特性，与传统含糖饮料形成鲜明对比，建立了差异化优势。

市场上，可口可乐与百事可乐通过不同的口感和品牌调性建立各自特色；千禾酱油以"零添加"区别于传统酱油；宝马 5 系则凭借"商务与运动的完美平衡"在豪华中级车市场中脱颖而出。差异性是超级单品的关键特质，它使产品能够在客户心智中形成鲜明记忆点，避免被替代和同质化。

持续性：长期竞争力

超级单品必须具备长期竞争力，而非短期概念或噱头，能够构建持久的市场优势。霸王茶姬伯牙绝弦通过独特的茶饮配方和品牌文化，建立了难以简单模仿的竞争壁垒，确保产品长期处于市场领先地位。

持续性要求产品有足够的技术壁垒、品牌壁垒或体验壁垒，确保市场优势不会轻易被竞争对手复制或超越。王老吉的定位"预防上火的饮料"已经持续多年；农夫山泉的瓶装水通过水源地优势形成了长期竞争力；真功夫的香汁排骨饭则通过独特配方和标准化生产确保了产品的持久魅力。

这三大原则相互支撑、缺一不可。刚需性确保产品有市场基础，差异性保证产品有独特优势，持续性则确保产品不会成为昙花一现。只有同时满足这三点，才能打造出真正具备爆发潜力的超级单品。

寻找路径：多维度挖掘产品价值

看产品——收入与利润双轮驱动

客户购买的不只是产品本身，而是其蕴含的核心价值和解决方案。在评估产品价值时，收入和利润率是两个最直观的量化指标。收入反映市场规模和接受度，而利润率则体现产品的竞争壁垒和价值溢价能力。当企业对产品组合进行梳理时，那些同时在收入和利润率维度表现优异的产品，往往是最值得重点投入的 A 级产品。如王小卤通过"卤味零食化"的创新和虎皮凤爪的超级单品策略，实现了高达 45% 以上的毛利率，远高于行业平均水平。

看客户——复购率标志忠诚度

在内部数据分析中，复购率是评估产品与客户关系紧密度的关键指标。即使某款产品在复购率排名中不是绝对第一，但如果能稳居前列，就表明它已在客户心智中建立了稳固地位。高复购率意味着客户认可和忠诚度，反映了产品满足客户需求的持续性和一致性，也预示着潜在的口碑传播价值。瑞幸咖啡的生椰拿铁以其独特口感成为超级单品，创造了会员复购率高达 80% 以上的现象级成绩，助力品牌在激烈的咖啡市场竞争中实现突围。

看对手——差异化创造护城河

针对已识别的潜力产品，需要审视市场竞争环境。关键问题是：在这个领域中，竞争对手的实力如何？战略选择应遵循"以己之长，攻人之短"的原则，避免在竞争对手的强项领域正面交锋。理想的爆品应具备明显的差异化优势，能够与行业标杆形成错位竞争。如果产品缺乏差异化特征，企业还需通过价值创新，打造独特的市场定位和品牌个性。每日黑巧以"黑巧克力 ≠ 苦"的差异化定位打造超级单品，巧妙避开了与德芙、好时等巨头的正面竞争，在巧克力市场成功开辟了独特赛道。

看趋势——资本验证前景

判断产品是否具备长期发展潜力，需要评估其是否符合市场大趋势。一个简单有效的方法是观察该产品所处赛道在资本市场的表现。资本市场的估值往往反映了投资者对未来发展前景的集体判断，市值或融资估值的持续增长，通常意味着这一领域被认为具有广阔的发展空间和价值创造能力。千禾味业捕捉"零添加"健康饮食趋势，将"180天 + 自然发酵，零添加防腐剂"的传统酿造酱油打造为超级单品，使其市值在 2020 至 2022 年间增长近 3 倍，验证了超级单品的资本市场认可度。

这四大路径构成了爆品识别的综合评估体系，它们相互关联、相互补充。企业可以根据自身条件和行业特点，灵活运用体系，系统化地筛选和评估产品组合中的爆品潜力。那些在收入利润表现优异、客户关系稳固、竞争差异明显、符合市场趋势的产品，往往最有希望成为推动企业增长的战略单品。通过聚焦资源打造超级单品，企业能够实现以点带面的市场突围，从而在激烈的市场竞争中脱颖而出。

爆发要素：驱动产品快速成长

超级单品需具备三大爆发要素，这些要素决定了产品从市场导入到规模爆发的关键驱动力。

自带流量：话题传播属性

真正的爆品应当具有强大的自然传播特性，能够引发客户主动传播和分享。泡泡玛特 Skullpanda 盲盒通过稀缺性和惊喜感设计，激发客户主动分享开盒过程和收藏成果，形成了强大的社交媒体传播效应，几乎不需要额外投入广告费用就能获得海量曝光。

产品的话题传播属性可以来源于：独特的产品形态（如盲盒的神秘性）、新奇的使用体验（如气泡水的口感惊喜）、引人讨论的设计元素（如卡通 IP 形象），或者富有文化内涵的品牌故事（如霸王茶姬的中国传统文化元素）。具备这些特质的产品能够激发客户自发传播的欲望，形成口碑传播的良性循环。

高转化：客户购买意愿强

超级单品必须能够将客户的关注快速转化为购买行为，提高转化率。卫龙小魔女魔芋素毛肚通过创新的产品形态和视觉呈现，极大提升了客户的购买欲望。其醒目的包装设计、诱人的产品展示以及"真大片"的视觉冲击，都直接刺激了客户的购买决策。

高转化要求产品能够快速建立客户信任，并提供明确的购买理由和低门槛的购买体验。这包括：清晰传达产品核心价值，提供有说服力的产品证明，设计直观的购买路径，以及消除购买过程中的各种摩擦和障碍。

强复购：二次购买率高

超级单品不仅要能吸引客户首次购买，更要让他们产生持续购买的意愿，形成循环消费。霸王茶姬伯牙绝弦通过独特口感和情感连接，建立了高频次的复购模式。其精致的包装设计，符合年轻人审美的品牌调性，以及稳定的产品品质，都促使客户形成了喝茶就选霸王茶姬的消费习惯。

强复购能力是爆品长期成功的关键，它不仅降低了获客成本，更建立了稳定的客户基础和品牌忠诚度。要提升产品的复购率，企业需要关注：产品的使用体验是否令人满意，是否能够持续提供价值，是否能够建立情感连接，以及是否有会员体系等留存机制。

这三大爆发要素构成了超级单品的增长飞轮：自带流量带来更多客户接触，高转化率将接触转化为首次购买，强复购确保客户持续回流，同时产生口碑传播，进一步扩大流量，形成良性循环。只有同时具备这三大要素，产品才能实现从量变到质变的跨越，成为真正的市场爆品。

超级单品的系统打造

打造超级单品不是偶然的灵感闪现，而是系统化的战略工程。它需要企业在战略决策、资源配置、团队协作等多个层面形成一致行动。

战略高度聚焦：最高管理层必须对超级单品战略给予足够重视，将其作为企业核心战略之一，确保决策层面的一致性和坚定性。记住那句"产品做一个打不过，做一堆还是打不过"的警示，坚定聚焦策略的执行。

资源优先投入：将企业最优质的研发、设计、生产、营销资源向超级单品倾斜，确保产品在各个环节都能达到卓越水平。在资源有限的情况下，宁可在一个产品上投入足够资源，也不要平均分配导致所有产品都无法突破。

跨部门协同：打造超级单品需要研发、生产、营销、销售等多个部门的紧密配合，形成协同效应。建立以产品为中心的跨部门工作机制，消除部门壁垒，确保产品理念在各环节的一致性和连贯性。

持续迭代优化：超级单品不是一蹴而就的，而是通过持续的市场反馈和产品迭代不断完善的。建立敏捷的产品迭代机制，根据市场反馈及时调整产品策略，不断提升产品体验。

只有落实这些系统性措施，企业才能真正实现超级单品的战略目标。记住，真正的超级单品是系统打造的结果，而非偶然的幸运。在选品原则、寻找路径和爆发要素的指导下，企业能够大大提高打造爆品的成功率，实现从单品突破到品牌崛起的战略跨越。

2.超级定价——价值决定购买意愿

超级定价是"抢爆品"策略的第二大支柱。正如赫尔曼·西蒙在《定价致胜》中所指出的："企业在价格上要有主动权，一旦失去定价权，企业就变成汪洋大海里漂浮的一条船。"价格不仅是产品交易的媒介，更是利润的关键杠杆。微小的价格变动就会造成巨大的利润变动，而且利润率越低的企业，价格变动的杠杆效应越大。

要构建超级定价体系，企业需要深入理解定价陷阱，掌握定价模型，并灵活运用多种定价方法，从而建立真正基于价值而非成本的价格体系。

定价陷阱：避免四类定价误区

成功的超级定价首先需要避开四大常见陷阱，这些陷阱往往会导致企业陷入价格竞争的恶性循环。

不想定价的"傻子"

许多企业经营者不愿亲自参与定价决策，而是将产品的定价权交给业务部门或经销商。这种做法的后果极为严重：业务人员和经销商为了提高业绩，往往通过降价和赊销方式拿到订单，而这两个办法恰恰是企业的"死穴"。

企业管理者必须意识到，定价是企业核心战略决策，不能简单外包或下放。只有掌握定价主动权，企业才能真正控制自己的命运。在构建超级定价体系时，企业领导层应直接参与定价策略的制定，确保价格决策与企业整体战略保持一致。

定价过低的"败家子"

许多企业抱着薄利多销的心态，希望通过定低价让产品销量更高。然而，这种思维忽视了一个关键事实：薄利的前提必须是能多销，销量必须足够高，否则薄利反而会让企业"死"得更快。

低价策略看似能够迅速获取市场份额，但长期来看往往得不偿失：一方面，价格战容易引发行业内的恶性竞争，导致整体利润水平下降；另一方面，低价会降低客户对产品的价值感知，不利于品牌长期建设。

乱定价的"疯子"

价格稳定性对建立客户信任至关重要。乱定价的企业往往在两个极端之间摇摆：产品销量不好时马上降价促销；一旦产品供不应求，又马上涨价。这种不稳定的价格政策会让客户对产品的质量产生怀疑，甚至直接影响品牌价值和形象。

客户对价格波动非常敏感。频繁的价格调整会导致客户形成"等待降价"的心理，从而推迟购买决策，扰乱正常的销售节奏。超级定价强调价格的一致性和可预测性，这是建立品牌信任的重要基础。

定高价却没有价值支撑的"骗子"

在任何市场里，拥有真正权威的都是价值而非价格。一些企业试图通过盲目定高价来提升品牌形象，但如果高价背后没有相应的价值支撑，最终只会失去客户信任。

听花酒、钟薛高等案例表明，仅仅依靠高价格而缺乏真实价值支撑的产品很难在市场中长期立足。超级定价不是简单地定高价，而是基于产品真实价值构建合理的价格体系，让客户感到值得。

定价模型：建立科学的定价框架

避开定价陷阱后，企业需要建立科学的定价框架，主要可以从三个维度考虑。

基于战略定价

定价策略应当与企业的整体市场定位保持一致。针对不同的市场定位，价格策略也应有所不同。

- 高端市场，定价就要高。面向高端市场的产品，价格本身就是价值和品质的象征，过低的价格反而会降低产品在目标客户心目中的价值感。

● **大众市场，定价就要尽可能低**。面向大众市场的产品，价格亲民是扩大市场覆盖面的必要条件，但前提是保证基本的产品品质和客户体验。

基于战略定价要求企业首先明确自身在市场中的位置和角色，然后基于这一定位制定相应的价格策略。这种自上而下的定价思路确保了价格决策与企业长期战略目标的一致性。

基于对手定价

基于对手定价并不意味着盲目跟随竞争对手的价格，而是要与对手形成错位竞争。具体策略可以根据市场情况灵活调整。

● 当对手主打价值创新时，我们可以采取成本领先策略，提供同等功能但价格更优的产品。

● 当对手主打成本领先时，我们可以采取价值创新策略，提供同等价格但功能或体验更强的产品。

基于对手定价的关键在于通过差异化定位，避免直接的价格战，建立自身的竞争优势。这种错位竞争策略使企业能够在避免正面冲突的情况下，仍然获得显著的市场份额。

基于客户定价

最先进的定价思维是基于客户价值进行定价。这种方法关注的不是产品的成本，而是产品为客户创造的价值。定价基于客户价值，基于成就客户的目标。

基于客户定价需要深入理解目标客户的需求、痛点和价值观，通过价值展示与传达，使客户认可产品价格背后的价值。这种定价方法的前提是产品的价值塑造到位，只有当客户真正认为产品有价值时，这种定价策略才有意义。

定价方法：灵活运用九种定价技巧

在具体操作层面，企业可以根据产品特性和市场环境，灵活运用以下九种定价方法。

成本加成定价

这是最基础的定价方法，通过在成本上加上一个固定的利润比例来确定价格。成本加成定价多用于大宗产品生产型企业，操作简单直观。

然而，这种方法也有明显局限性：当产品面向终端客户时，因为变量太多，难以让客户感知产品的真实价值。在构建超级定价体系时，成本加成通常只作为定价的起点，而非终点。

目标收益定价

目标收益定价通过"设定目标收益—计算总成本—计算目标售价"三步走的方式，确保产品能够实现预期的盈利目标。这种方法适合于对利润率有明确要求的企业和项目。

这种定价方法的优势在于它能够确保产品的盈利能力，使企业资源得到合理回报。然而，它同样未能充分考虑客户的价值感知和市场竞争因素。

基于竞品定价

基于竞品定价关注市场竞争格局，通过与竞争对手的产品进行比较，确立自身的价格位置。这种方法强调"同等功能，价格更优"或"同等价格，产品更强"的差异化定位。

基于竞品定价能够帮助企业在复杂的市场环境中找准自身位置，避免盲目的价格战。在实际操作中，需要持续监测竞争对手的价格策略和市场反应，及时调整自身定价。

客户价值定价

客户价值定价是最接近超级定价理念的方法，它基于对客户需求的深入理解和产品为客户创造的价值来确定价格。这种方法要求企业能够准确衡量产品为不同客户群体带来的价值，并据此设定相应的价格水平。

客户价值定价的前提是产品的价值塑造到位，客户能够明确感知并认可产品的价值。只有当这一前提成立时，基于价值的定价才能真正起到效果。

市场渗透定价

市场渗透定价采用由低到高的策略，通过初期较低的价格快速占领市场份额，建立规模优势后再逐步提升价格。这种策略适用于市场导入期的产品，尤其是在网络效应显著的行业。

滴滴出行在初期就采用了这种策略，通过补贴等方式快速获取客户和市场份额，在建立平台优势后再逐步调整价格策略。市场渗透定价虽然能够迅速扩大市场覆盖，但也对企业的资金实力和长期运营能力提出了更高要求。

市场撇脂定价

与市场渗透定价相反，市场撇脂定价采用由高到低的策略，先以较高价格瞄准愿意支付溢价的早期采用者，然后随着市场逐渐成熟和竞争加剧，再逐步降低价格扩大市场覆盖。这种策略多用于科技类产品，如苹果 iPhone 等。

市场撇脂定价能够最大化产品生命周期的整体利润，但需要产品具有足够的创新性和市场吸引力，才能支撑初期的高价策略。

差别定价

差别定价根据不同的时间段、消费需求或地区，对同一产品制定不同的价格。航空公司的机票价格就是典型的差别定价：针对春节等高峰期和平时设置不同价格；针对商务舱、头等舱、经济舱等不同需求设置不同价格；针对北美、欧洲、东南亚等不同地区设置不同价格。

差别定价能够最大化企业的整体收益，让不同支付能力和需求的客户都能找到适合自己的价格点。实施差别定价时，需要确保不同价格之间有合理的区隔和解释，避免引起客户不满。

规格区分定价

规格区分定价通过提供不同规格、型号或版本的产品，满足不同客户的需求。典型案例如星巴克的中杯、大杯、超大杯饮品，或者软件产品的基础版、专业版、企业版等。

这种定价方法的优势在于能够覆盖更广泛的客户群体，同时引导高支付能力的客户选择高价版本。在设计规格区分时，关键是确保不同规格之间有明显且有价值的差异，真正满足不同细分市场的需求。

活动促销定价

活动促销定价通过设立吊牌价、日常价和活动价三个价格层级，既彰显产品品质和价值感，又能通过限时促销给客户带来紧迫感，刺激购买。

在实施活动促销定价时，需要注意控制促销频率和幅度，避免客户形成"只等促销买"的心理，影响正常销售和品牌价值。促销应当是提升销售的手段，而非长期的定价策略。

构建超级定价的系统实践

超级定价不是简单选择某一种定价方法，而是在深入理解定价陷阱、定价模型的基础上，结合产品特性、市场环境和企业战略，灵活运用各种定价方法，构建完整的价格体系。

价格体系的一致性是超级定价的核心特征之一。无论采用哪种定价方法，都应确保价格策略与品牌定位、产品价值相一致，避免价格信号与品牌形象之间的冲突。

价格传播的清晰性同样不可忽视。企业需要向客户清晰传达产品价格背后的价值，使客户理解并认可价格的合理性。这可以通过产品宣传、客户教育等多种方式实现。

价格体系的动态调整能力也是超级定价的重要组成部分。市场环境、竞争格局和客户需求都在不断变化，企业需要建立科学的价格监测和调整机制，确保价格策略始终保持最优状态。

通过构建超级定价体系，企业能够摆脱价格战的泥潭，基于价值而非成本定价，获得更大的定价自主权和利润空间。超级定价与超级单品、超级背书一起，共同构成了抢爆品的完整方法论体系，为企业实现单品狂飙提供了系统化的解决方案。

3.超级背书——信任决定产品高度

超级背书是"抢爆品"策略的第三大支柱，与超级单品、超级定价共同构成完整的方法论体系。在信息爆炸的时代，客户更信任第三方评价而非企业自身的宣传。要实现单品狂飙，企业必须克服的第三大挑战是如何建立强大的口碑背书体系，让"他人之口"成为产品最有力的推销员。

专业权威：行业权威认证

权威背书为产品提供专业可信的认证，包括：

权威证明：如权威机构认证、专业标准认可、科研成果支持等。

获得奖项：如行业重要奖项、专业评选荣誉等，体现专业认可和行业地位。

公信背书：如国家机构认可、行业协会推荐等官方背书。

专业权威背书需要系统构建，包括法律支撑维度、权威平台背书、政府和行业协会背书等多层次认证。

品牌实力：竞争核心实力

品牌背书通过企业自身实力和信誉为产品赋能，主要包括：

品牌承诺：如品质保证、售后服务、无条件退换等具体承诺，建立客户信任基础。

企业声誉：如行业地位、企业历史、社会责任等方面的企业形象，提升品牌可信度。

客户检验：客户评价、市场口碑、实际使用体验等真实反馈，是最有说服力的背书方式。

构建品牌背书需要企业践行"诚信为本"的经营理念，提供优质的产品和服务，建立良好的在线形象，及时回应负面舆情，积极解决问题，建立危机管理机制，培养员工声誉意识等。

社会影响力：价值引领与社会担当

社会影响力背书通过外部力量为产品提供广泛认可，包括：

名人推荐：如明星代言、行业专家推荐、意见领袖认可等，借助知名人士的公众影响力扩大产品认知。

个人声誉：如创始人影响力、团队专业背景等，小米雷军的个人品牌为小米产品赋予了创新和品质的背书。

特殊专用：如特定群体专属产品、特殊场合指定用品等。如新安源有机茶作为国礼茶赠与俄罗斯总理梅德韦杰夫，雄正酱香酒成为中国经济高峰论坛指定用酒，都极大提升了产品的社会认可度。

社会影响力背书需要企业精心选择适合的背书主体，确保与品牌价值观和目标消费群体的一致性。

多层次背书的协同效应

有效的超级背书不是单一维度的，而是专业权威、品牌实力、社会影响力三者的有机结合。

互相强化：不同类型的背书相互补充，形成完整的信任体系。

多点传播：通过不同渠道和方式传递一致的价值主张。

全面覆盖：满足客户在理性和感性层面的信任需求。

实战案例：酱香发明者的单品突围之路

《史记》记载仡佬族发明了酱香酒，而雄正是仡佬族唯一的酱酒品牌。雄正酱香酒是"抢大单品"策略的典型成功案例，通过系统应用超级单品、超级定价、超级背书三大方法，实现了从行业小众品牌到细分市场领导者的跨越。

单一产品聚焦战略的实施过程

与传统白酒企业 SKU 繁多的做法不同，雄正放弃了多元化产品路线，聚焦资源打造单一的高品质酱香酒产品。

细分品类：分析酱香酒市场发展趋势，发现非遗酱香白酒细分市场的机会。

差异化定位："酱香酒的发明者"定位，建立独特市场地位。

资源聚焦：将 90% 以上的企业资源投入到主打产品的研发、生产和营销。

这种单一产品聚焦策略使雄正避免了资源分散，实现了产品品质和品牌形象的快速提升。

价值定价体系的构建与执行

雄正酱香酒在价格策略上摒弃了行业普遍的价格战思维，构建了基于价值的定价体系。

价格统一：全国统一定价 1499 元，不因地区或渠道不同而变化。

价格透明：公开、透明的价格体系，客户可以清晰了解产品价格。

价格刚性：不进行任何形式的打折促销，维护产品价值感。

价值支撑：通过产品品质、品牌故事、稀缺性等多方面支撑高端定价。

这种价值定价策略使雄正成功避开了低端酱香酒的红海竞争，在高端细分市场建立了独特的价格—价值体系。

多维度背书体系的系统打造

雄正酱香酒构建了全方位的背书体系，从历史文化、专业技艺到社会影响力多角度获取市场认可。

历史文化背书：利用《史记》记载仡佬族发明酱香酒的历史依据，确立"酱香发明者"的权威地位。

专业技艺背书: 创始人张再彬为仡佬族酿酒技艺非遗传承人,成为产品专业性的直接证明。

行业权威背书: 茅台公开认可仡佬族为酱香酒老祖宗,每任茅台董事长都会在就职仪式上表达对仡佬族的敬意。

非物质文化遗产认证: 仡佬族酿酒技艺被列入贵州省非物质文化遗产名录,获得官方认可。

高端场合背书: 产品在各类经济论坛、展会等高端场合作为指定用酒,提升社会影响力。

这种多维度背书体系有效构建了雄正酱香酒的信任基础,使其能够在竞争激烈的白酒市场获得客户认可。

抢爆品工具

抢爆品——抢大单品,引爆品类

维度	现状	优化
超级单品		
超级定价		
超级背书		

参考工具

超级单品四路经

看产品　　看客户

看趋势　　看对手

超级定价九方法

成本加成	目标收益	基于竞品
客户价值	市场渗透	市场撇脂
差别定价	规格区分	活动促销

超级背书九法则

权威证明	获得奖项	公信背书
品牌承诺	企业声誉	客户检验
名人推荐	个人声誉	特殊专用

本章总结

好爆品的标准——引爆品类

引爆品类才能建壁垒、造价值、赢信任

引爆品类的三大挑战：爆品打造、认知破局、信任构建

引爆品类的陷阱——赌多品

    摊大饼：多品押注缺乏聚焦

    拼价格：通过低价抢占市场

引爆品类的真谛——抢大单品

    精准选品：洞察需求锁定潜力

    集中发力：聚焦目标饱和击穿

抢爆品方法论——抢大单品，引爆品类

    1. 超级单品——用大单品打爆市场

    2. 超级定价——价值决定购买意愿

    3. 超级背书——信任决定产品高度

第四章

霸品牌——马上就买

什么是品牌

这个看似简单的问题却困扰着众多企业家和营销人员。很多人认为品牌只是一个名字、一个标志，或者是一套视觉系统。但这样的理解未免过于表面。

品牌的本质是客户对企业及其产品的**认知总和**，是一种建立在持续体验基础上的**信任关系**。

当我们谈论耐克时，我们想到的不仅是一个"钩子"标志，而是它所代表的运动精神；当我们提及苹果时，我们想到的也不只是一个被咬了一口的苹果图形，而是创新科技与人文设计的完美结合。这些都是品牌在客户心智中形成的整体感知。

真正的好品牌必然与其所属品类及独特定位紧密关联。这种关联并非偶然形成，而是通过战略性构建而成的结果。一个脱离品类的品牌名称，就像一座没有地基的高楼，看似华丽，却难以持久。

好品牌的标准——马上就买

在商业竞争日益激烈的市场环境中，品牌力量的最高境界是让客户马上就买。当您的产品展示在货架上，或者出现在客户的屏幕中时，能否瞬间触发购买决策，决定了品牌竞争的成败。

马上就买不仅是一种购买行为的描述，更是品牌战略的终极目标。这一概念揭示了品牌建设的本质：不是为了赢得知名度，而是为了缩短客户从认知到购买的决策路径，最终实现毫不犹豫的即刻购买。

是主动购买，不是犹豫观望

真正强大的品牌能够让客户跳过对比和犹豫阶段，直接产生购买行动。这种主动购买意味着客户对品牌有足够的信任和认同，以至于他们不需要更多的信息或刺激就能做出购买决策。这种品牌信任减少了客户的决策成本和心理负担。

案例

华为技术创新赢得信任

华为通过持续的技术创新和"中国制造"的品质保证，成功建立了强大的品牌信任。当新款 Mate 或 P 系列手机发布时，大量客户不会等待评测结果或比较竞品，而是直接预订或购买。即使面对高价格，客户也愿意为华为产品付费，因为他们相信这个品牌能够提供出色的客户体验和技术领先优势。华为的"主动购买"效应在 2019 年美国制裁后尤为明显，许多中国客户出于对品牌的支持而主动选择华为产品。

是情感共鸣，不是理性比较

优秀品牌超越了简单的产品属性比较，建立了情感层面的连接。客户购买这类品牌不仅是为了满足功能需求，更是为了表达自我认同、价值观和生活态度。这种情感连接使消费决策从"是否值得"转变为"我想要"。

案例

Lululemon 塑造健康生活方式

Lululemon 瑜伽服饰品牌售价远高于普通运动服装，但客户依然趋之若鹜。这不仅因为其产品质量，更因为 Lululemon 成功将品牌与健康、自信、积极的生活方式关联起来。购买 Lululemon 不只是买运动服，而是买进一种身份认同和生活态度。品牌通过社区瑜伽课程、健康生活方式倡导和"大使"计划等方式，创造了一个围绕瑜伽和健康生活的文化社群。客户购买 Lululemon 时，很少会仅仅基于面料、耐用性等理性因素做决定，而是被品牌所代表的生活方式和价值观所吸引。

是自发推荐，不是强制营销

最强大的品牌营销来自客户的自发传播，而非企业的强制推广。当客户主动向亲友推荐一个品牌时，其影响力远超任何付费广告。这种自发推荐基于真实的

使用体验和情感满足，具有极高的可信度和转化率。

 案例

海底捞服务细节创造口碑

海底捞几乎不做常规广告投放，却在餐饮行业拥有极高的知名度和忠诚度。其成功秘诀在于创造令人难忘的客户体验，如细致入微的服务（为等位客户提供免费美甲、擦鞋、水果）、为特殊场合准备的惊喜（生日面、手工面人）以及对特殊需求的满足（儿童餐具、老人专属服务）。这些服务细节远超客户预期，促使他们在社交媒体上自发分享，形成话题效应。海底捞的客户不仅是客户，更成为了品牌的自愿传播者。他们的推荐基于真实体验，比任何形式的广告都更有说服力，从而带来源源不断的新客户，形成正向循环。

这三项标准共同构建了真正强大的品牌力量，使企业能够建立起难以撼动的市场地位和客户忠诚度，实现马上就买的品牌效应。

为什么要马上就买

在激烈的市场竞争中，品牌力量的终极表现是让客户看到就买。这种即时购买决策不仅体现了品牌的成熟，更直接关系到企业的生存和发展。企业若能实现马上就买的品牌效应，将获得三大核心优势，而忽视这一点则会面临严峻挑战。

强认知：快速记忆形成印象

强大的品牌能够在客户心智中建立鲜明的印象，使其在众多选择中脱颖而出。当品牌能够被迅速识别并与特定价值主张相关联时，客户的决策过程将大大简化。这种强认知是实现"马上就买"的基础，为企业赢得了市场竞争的关键优势。

然而，企业若未能建立这种品牌认知，就会陷入"认知模糊、难留记忆"的危机。市场先发优势一旦错失往往难以弥补，后入者需要投入数倍资源才能获得同等认知度。品牌印象模糊不清，客户难以记住，更难以产生偏好，在竞争激烈的市场中极易被边缘化，只能被迫接受市场追随者的角色。

提销量：缩短决策加速成交

强大的品牌力量能让客户跳过比较和评估阶段，缩短购买周期，显著提升转化率。当"看到就买"成为客户习惯时，产品销量自然呈几何级增长。这不仅带来直接的销售增长，更降低了获客成本，提高了营销效率和资金周转速度。

若未能实现这一目标，企业将陷入"决策犹豫、难促成交"的困境。面对高度竞争的市场环境，企业被迫依靠降价促销或铺天盖地的广告，不仅利润率大幅下降，还会让客户形成"只有打折才买"的消费心理。市场调研显示，这些企业的平均获客成本比行业领先品牌高出 3~5 倍，却只能获得 30% 左右的转化率，形成恶性循环。

扩口碑：自发推荐扩散传播

能够让客户马上就买的品牌往往能激发客户的主动传播欲望，形成自发的口碑营销。这种基于真实体验的推荐比任何广告都更有说服力，不仅能带来新客户，还能强化现有客户的忠诚度，提高复购率，形成良性循环。

缺乏这种品牌力的企业直接面临"扩散乏力、难立口碑"的严重威胁。数据显示，这类企业的客户平均回购率低于 15%，而强势品牌的复购率通常能达到 60% 以上。这意味着企业不得不持续投入高额营销费用获取新客户，却无法建立稳定的客户群体。在社交媒体时代，不满意的客户会向 9~15 人分享负面体验，而满意的客户只会告诉 3~5 人，这种失衡进一步加剧了营销困难。

📄 案例

同庆楼餐饮的品牌成功之道

同庆楼作为中国老字号餐饮品牌，始创于 1925 年，拥有近百年历史，现已成功登陆 A 股市场，是为数不多的民营餐饮上市企业。其品牌成功之道完美诠释了马上就买的品牌效应。

同庆楼凭借"有高兴事到同庆楼"的定位，将品牌深深植入客户的婚宴、庆典场景中，建立了强大的心智关联。这种品牌定位与其主营业务紧密结合，使同庆楼在众多餐饮品牌中脱颖而出，成功避开了"认知模糊、难留记忆"的困境。客户在选择重要庆典场所时，同庆楼往往成为首选，无需过多比较和犹豫。

作为"中国正餐十大品牌"和"改革开放40年中国餐饮行业老字号新辉煌企业"，同庆楼成功抓住了市场先机。其百年老字号的品牌资产与现代经营理念的结合，让同庆楼在竞争激烈的餐饮市场中占据了有利位置。新店开业时能够快速吸引客流，成功率远高于行业平均水平，降低了"决策犹豫、难促成交"的风险。

同庆楼的成功还体现在强大的口碑效应上，成功避开了"扩散乏力、难立口碑"的陷阱。"诚信传百年"的品牌承诺不仅增强了客户的信任，更促进了口口相传。婚宴、宴会等场景的高满意度，使同庆楼积累了大量忠实客户，实现了较高的复购率。更重要的是，良好的用餐体验激发了客户的自发推荐，使新客户拓展成本大幅降低。

同庆楼的案例告诉我们，在产品同质化日益严重的今天，能否让客户看到就买已成为企业发展的关键。品牌建设不是可有可无的装饰，而是企业发展的基石。只有构建让客户马上就买的品牌力量，企业才能避开"认知模糊、决策犹豫、扩散乏力"的三大陷阱，在激烈的市场竞争中赢得持久的成功。

马上就买的三大挑战

马上就买的品牌力量令人向往，但现实中能够实现这一境界的品牌却寥寥无几。为什么大多数企业难以构建强大的品牌？为什么即使投入大量广告费用，品牌依然无法打动客户？

真正的难题不在于资金实力或市场规模，而在于品牌需要突破客户心智中的三道关键障碍。这三大障碍如同层层关卡，只有全部突破，才能实现马上就买的品牌力量。

入心：品牌认知突破

客户每天面对数以千计的品牌信息，大脑形成了自然的"注意力过滤器"。根据研究，普通客户每天接触的品牌信息超过3000条，但能够记住的不足20条。要让品牌信息突破这一过滤器，进入客户心智，绝非易事。

品牌认知的本质是在客户心智中建立清晰的定位。客户需要快速理解"这是什么"以及"与其他品牌有何不同"。然而，大多数企业在这一环节面临严峻挑战。

概念模糊： 品牌定义不清，客户难以理解"这是什么"，无法在客户心中形成明确的品类或价值联想。比如某些企业使用"全球领先的综合解决方案提供商"这样空洞的表述，客户看完依然不知道这家企业到底做什么。

难以记忆： 品牌名称复杂或平淡无奇，无法在记忆中留下印记。使用生僻字、多音字、过长的名称或者跟风命名，都会大大降低记忆度。如某些品牌使用"昶洧"这样的生僻字，或者跟风使用"某某鲜生"，都难以形成独特记忆点。当客户需要做出购买决策时，无法第一时间想起这一品牌。

缺乏关联： 品牌与客户已有认知没有连接点，难以形成记忆锚点。人类大脑更容易记住与已知信息有关联的新信息。如果品牌概念与客户已有认知毫无关联，就像在沙滩上建城堡，很快就会被遗忘的浪潮冲刷殆尽。

许多企业犯下的错误是试图传递过多信息，结果反而没有一条信息能被客户牢记。有些企业一会儿强调品质，一会儿强调服务，一会儿又强调创新，最终客户对品牌的印象反而一片模糊。记住这个铁律：心智容量有限，争夺的是有限的认知资源。

入眼：品牌形象突破

在视觉饱和的时代，客户的视觉判断速度远超想象——研究表明，人类大脑仅需 0.05 秒就能对视觉信息做出初步判断。这意味着品牌形象必须在眨眼之间被客户辨识并产生情感共鸣，难度极高。

视觉识别不仅关乎美观，更关乎品牌信息的高效传递。好的视觉符号能够绕过理性思考，直接触发情感反应和购买决策。即使客户认知了品牌，若无法在视觉层面产生吸引力，也难以激发即时购买。品牌形象方面的主要挑战包括：

缺乏特色： 视觉符号平淡无奇，与竞争对手难以区分。许多行业内的品牌标志惊人相似，如金融行业大量使用蓝色与几何图形，导致客户无法在短时间内区分不同品牌。一些企业甚至直接使用免费图库中的通用图标作为品牌标志，完全丧失了识别价值。

形象混淆： 视觉元素杂乱无章，缺乏统一性和记忆点。有些企业在不同渠道使用不同版本的标志和色彩，或者频繁更换视觉风格，导致客户无法形成稳定的品牌印象。比如某些企业的网站、产品包装、线下店面风格完全不同，这种混淆不仅削弱了品牌认知，还会使客户产生犹豫和不信任。

信息混乱：过多的视觉元素相互干扰，客户无法聚焦关键信息。一些包装或广告试图在有限空间内展示过多信息，塞满了标志、宣传语、产品特性、促销信息等，核心信息反而被淹没，使客户无法快速获取决策所需的信息，增加了购买阻力。

视觉心理学研究表明，客户决策 90% 依赖情感，而视觉是触发情感的最快路径。一个强大的视觉符号，远胜千言万语的文字说明。想想看，苹果的咬了一口的苹果标志、麦当劳的金拱门、耐克的对钩，这些简单而强大的视觉符号能够瞬间激活客户关于品牌的所有记忆和情感联想。

入口：品牌传播突破

即使品牌概念清晰、视觉形象鲜明，若传播口号无法击中客户的购买动机，依然难以转化为实际购买。传播是品牌与客户之间的桥梁，但这座桥梁常常因设计不当而崩塌。

在信息爆炸的时代，品牌传播信息的到达率和转化率都面临巨大挑战。客户对广告的防御机制越来越强，对纯宣传式内容产生了天然的抵触。要突破这一障碍，传播内容必须直击客户心理，提供明确的购买理由。品牌传播面临的挑战主要有：

内容空洞：传播内容没有实质性信息，无法解答"为什么要买"。许多广告语如"匠心品质""为美好生活""品质保证"等，说了等于没说，无法提供真正的购买理由。客户看完后依然不知道这个品牌与竞品有什么不同，为什么要选择它。

无针对性：未能对准目标客户的真实需求和痛点。一些品牌试图取悦所有人，结果却无法真正打动任何人。比如某些化妆品品牌宣传"适合所有肤质"，而实际上客户更希望知道产品是否能解决她特定的肌肤问题。精准的传播应该是"解决特定人群的特定问题"，而非笼统地适合所有人。

表达不清：信息传递模糊不清，客户无法理解品牌主张。有些企业使用过于专业或模糊的语言，如"基于纳米科技的新一代材料"，客户并不了解这意味着什么，也无法理解它带来的实际好处。好的传播应该是通俗易懂、直击要害的。

行业研究表明，成功的传播通常能够在 8 秒内传递核心信息，并且提供明确的行动指引。有效的传播不是喊出响亮的口号，而是找到直击客户购买决策的关键点，建立品牌与购买行为之间的必然联系。"怕上火，喝王老吉"之所以有效，正是因为它直接连接了客户的具体需求（解决上火问题）和特定品牌（王老吉）。

案例

三只虎复合菌肥的品牌突围

山东佐田氏生物科技有限公司在面对传统肥料市场萎缩、同质化严重的挑战时，通过"三只虎复合菌肥"实现了突破性增长，完美诠释了突破以上三大挑战的价值。

在**品牌认知**方面，"三只虎"这一名称简洁有力，易于记忆，而"三只虎大肥力"的定位清晰传达了产品的核心价值。通过将"有机＋无机＋微生物"的复合优势与"三只虎"形象结合，建立了强烈的品类关联，使农户一提到复合菌肥就想到"三只虎"。

在**品牌形象**方面，鲜明的红黄配色和独特的三只卡通虎形象在农资市场中极具视觉辨识度，形成了强烈的品牌特色。产品包装上清晰突出的"复合微生物肥料"定位和简洁的信息布局，避免了信息混乱，让农户一眼就能识别产品类型和价值。

在**品牌传播**方面，"三只虎复合菌肥开创者"的传播主张直击市场痛点，精准针对农户对新型肥料的需求。传播内容聚焦"有机＋无机＋微生物"的实质性价值，表达清晰简洁，有效引发目标受众的认同和购买欲望。

三只虎复合菌肥的成功证明了品牌突破三大挑战的重要性。上市仅半年，其销售额就飙升600%，截至2023年，经销商数量超过170家，零售商超过2500家，累计销售量达到15000吨，复合增长率高达2600%。这一数据证明，当品牌成功突破"入心、入眼、入口"三大挑战，实现马上就买的品牌效应便指日可待。

实现马上就买不是偶然，而是系统性突破品牌建设中的关键障碍的结果。企业只有同时攻克认知、形象和传播三大挑战，才能建立真正强大的品牌力量，让客户看到就买，不再犹豫。

马上就买的陷阱——纯自嗨

在市场竞争日益激烈的今天，实现马上就买的品牌效应是每个企业的追求。然而，现实中当谈到品牌建设时，绝大多数企业都落入了一个危险的思维模式——"纯自嗨"。

这种思维模式让企业主观臆断客户需求，随意设计品牌元素，最终导致品牌无法实现马上就买。对品牌建设缺乏系统思考，凭借个人喜好和主观臆断做出决策，忽视客户心智规律和市场竞争格局。这种做法最终导致品牌无法进入客户心智，无法触发购买行为。

自说自话：主观臆断乱拍脑袋

许多企业的品牌决策往往源于老板个人喜好而非市场需求。在缺乏系统调研和客户洞察的情况下，以主观判断替代客观分析，导致品牌定位与目标客户期望脱节。这种拍脑袋式的决策方式忽视了客户的真实需求和心理特征，使品牌难以建立有效的情感连接，无法形成记忆点，更无法触发购买。

单向传播：脱离客户自吹自擂

面对激烈的市场竞争，不少企业自顾自地传播产品功能和特点，却忽视了客户真正关心的价值。这种以自我为中心的单向传播，无法与客户形成有效对话，品牌信息难以被接收和认同。大量枯燥的技术参数和自我炫耀式的宣传，不仅无法激发客户兴趣，反而会增加决策负担，阻碍即时购买行为的发生。

📄 案例

"纯自嗨"的金和美防盗门

金和美防盗门案例典型地展示了"纯自嗨"的品牌建设误区。品牌名称"金和美"缺乏特色，与防盗门这一品类没有任何关联性，无法在客户心智中建立明确的品类映射。其品牌标识采用常见的绿色基调，与市场上众多品牌难以区分，无法形成鲜明的视觉记忆点。

在产品展示和营销传播上，金和美将重点放在罗列各种功能参数和技术指标上，而非凸显核心价值和差异化优势。其门店和宣传材料呈现杂乱无章的状态，客户难以快速理解品牌的核心主张，无法激发即时购买欲望。

纯自嗨的严重后果

"纯自嗨"的品牌建设导致三个严重后果：认知模糊、印象浅薄、转化低效。

认知模糊： 当品牌无法清晰传达自身的定位和价值主张时，客户对品牌的认知必然模糊不清。这种认知障碍使客户难以理解品牌与竞品的区别，无法感知其独特价值，当被问及"这是什么品牌"时，客户往往无法给出准确回答，最终导致品牌在众多选择中被忽视或混淆。

印象浅薄： 缺乏特色的品牌形象和传播内容无法在客户心智中留下深刻印象。客户面对市场上数百个同质化品牌时，只会记住那些具有鲜明特色的少数几个。印象浅薄的品牌即使被客户接触过，也难以在需要时被回忆起来。

转化低效： 认知模糊和印象浅薄最终导致营销转化率低下。客户在购买决策过程中，对这类品牌往往持观望和犹豫态度，需要更多的信息和刺激才能做出购买决策，销售成本居高不下，投入产出比不断降低。

马上就买的真谛——极致呈现

要实现马上就买的品牌效应，企业需要摒弃"纯自嗨"的做法，转而采取"极致呈现"的品牌建设策略。

呈现品类+品牌：明示品类关联品牌

成功的品牌能够在名称或标识中直接体现所属品类，使客户一眼就能识别产品类型。通过在品牌名称、标志或传播内容中明确关联品类，企业可以帮助客户快速建立品牌与需求的连接，减少认知负担。

呈现定位：视觉口号凸显定位

清晰的定位传达是实现马上就买的关键一步。通过简洁有力的视觉口号，企业能够直观传达品牌的核心价值和差异化优势，使客户迅速理解品牌的独特主

张，减少决策过程中的犹豫和比较。

呈现爆品：突出核心战略单品

聚焦而非分散是品牌建设的重要原则。企业应当集中资源打造并推广核心战略单品，而非平均用力于所有产品线。这种做法能够集中客户注意力，强化品牌在特定品类中的专业形象，提高购买转化率。

📑 案例

"极致呈现"的德盾超防撬钢安全门

德盾品牌的转型成功展示了"极致呈现"策略的价值。该品牌将原本毫无关联性的"金和美"更名为"德盾"，直接联系了德国品质和安全防护的核心价值，同时采用盾牌形象作为品牌标识，形成了强烈的安全感视觉联想。

在品类命名上，明确为"超防撬钢安全门"，直接传达产品的核心功能和价值。传播口号"德国专利，超防撬钢安全门"简洁明了，一目了然地展现了品牌的竞争优势。

视觉呈现方面，德盾采用黑黄配色与盾牌LOGO，营造出强烈的安全感和高端感，形成了鲜明的品牌记忆点。门店设计和宣传材料都围绕这一视觉系统展开，确保品牌形象的一致性和辨识度。

在产品战略上，德盾聚焦推广"超防撬钢安全门"这一核心战略单品，集中资源打造爆品效应，降低了资源分散和主张模糊的风险。

极致呈现带来的好处

认知清晰：通过品类关联、明确定位和聚焦战略单品，企业能够帮助客户快速理解品牌的核心价值和差异化优势，减少认知负担，建立清晰的品牌认知框架。

记忆深刻：鲜明的视觉形象和简洁有力的价值主张能够在客户心智中留下深刻的印象，增强品牌记忆度，确保在购买决策时被优先想起。

转化提升：认知清晰和记忆深刻的品牌能够大幅提高营销转化率。客户在面对此类品牌时，购买决策过程更加简短，犹豫比较环节减少，购买意愿和速度明显提升，最终实现马上就买的品牌效应。

实现马上就买不是一蹴而就的过程，而是需要企业在品牌建设的各个环节都坚持"极致呈现"原则，从客户认知需求出发，建立清晰、深刻、有效的品牌印象，才能在激烈的市场竞争中赢得客户的即时选择和长期忠诚。

霸品牌的方法论——极致呈现，马上就买

了解了"极致呈现"的价值与好处，企业管理者不禁要问：如何将这一理念落地为可执行的策略？实现马上就买的品牌效应需要系统化的方法论支撑。接下来，我们将深入探讨霸品牌建设的三大核心要素：取好名字、塑造视觉符号和打造传播口号。

1.取好名字——科学命名品类品牌

名字是品类和定位与客户心智的第一接触点，关乎企业的成败。开创新品类的企业，通常需要两个名字——品类名和品牌名，它们分别承担着不同的战略任务。

品类名——回答客户"这是什么？"

品牌名——告诉客户"你是谁？"

好的名字能提升传播效率，降低传播成本，积累品牌资产，为企业创造长期价值。相反，糟糕的命名则会导致客户认知困难，品牌传播效率低下，甚至成为企业发展的持久障碍。

在"霸品牌"策略中，品牌命名不是简单的文字游戏，而是战略性资产的构建。每一个成功的品牌背后，几乎都有一个精心设计的名字在支撑。可口可乐、耐克、宝马、阿里巴巴——这些全球知名品牌的名称都具有独特的记忆点和联想价值，帮助它们在竞争激烈的市场中树立了鲜明的品牌形象。

品牌名字的战略价值还体现在其持久性上。当企业的产品线、技术、服务，甚至商业模式都可能随时间变化时，品牌名往往是最稳定的企业资产。例如，苹果公司从个人电脑发展到智能手机、平板电脑、智能手表等多元产品线，但"Apple"这个名字始终如一，承载着企业积累的所有品牌价值。

品类命名：奠定认知基础

品类命名是品牌建设的第一步，它决定了客户如何理解和分类你的产品。品类名就像大脑中的"文件夹"，帮助客户将新产品归入已有的认知框架，或创建全新的认知类别。

品类命名三大原则

通俗易懂

对接需求的前提是客户知道：它是什么？客户需要明确这是不是他要的东西。品类名应使用口语而非行话，让大众都能理解。

以"每日坚果"为例，它远比"缤纷果仁"更直观易懂。客户一看就知道这是日常食用的坚果，而"缤纷果仁"则相对抽象，难以快速理解。通俗易懂的品类名能够最大限度地扩大潜在客户群体，避免因理解障碍导致的市场流失。

客户决策过程的第一步是确认"这是我需要的东西吗？"如果品类名称让客户无法迅速理解产品属性，那么后续的营销努力都将事倍功半。因此，即使是最复杂的技术产品，也应该有一个简单明了的品类名称。

具象化

具象化意味着使用客观、真实存在的描述，而非抽象概念。具象的概念容易被感知和记忆，抽象的概念则容易出现理解偏差。

例如，在命名奶制品时，水牛奶、纯水牛奶、水牛纯牛奶都容易引起歧义。客户可能会疑惑："水牛奶"是水和牛奶的混合物还是水牛产的奶？"纯水牛奶"是纯净水和牛奶的组合还是纯正的水牛奶？具象化命名应该避免这类歧义，选择更明确的表述方式。

人类大脑天生更擅长处理具象信息而非抽象概念。神经科学研究表明，具象词汇能激活大脑中更多的神经区域，形成更丰富的联想和更深刻的记忆。因此，具象化的品类命名不仅有助于客户理解，还能增强记忆效果，提高品牌回忆率。

在竞争激烈的市场中，抽象的概念很容易被同质化或模糊化，而具象的描述则能建立清晰的认知边界，形成独特的市场定位。

回归本质

品类命名应该利用客户既有认知，不能过于创新。回归本质意味着借用已有的认知框架，降低理解门槛。

CCS 油烟机面临的挑战是客户并不理解 CCS 技术是什么。老板通过巧妙借用"中央空调"这一已被广泛接受的概念，将自己定义为"中央油烟机"，客户即使初次接触，也能凭借对中央空调集中控制、覆盖全屋的认知，迅速推断出同样具有集中排烟、覆盖整个厨房空间工作原理的产品。这种回归本质的命名方式，极大降低了新概念的理解门槛。

人类大脑倾向于将新信息与已知信息关联，而非孤立地处理新概念。因此，回归本质的品类命名能够利用客户已有的认知结构，减少理解成本，加速接受过程。

在品类创新时，过于独创的命名可能导致客户无法理解产品的基本属性和用途。而明智的做法是，创新产品，保守命名。让新产品通过关联已有认知，迅速被客户接受和理解。

品类命名六种方法

功能命名

直接体现产品的核心功能，如防蛀牙膏、防脱洗发水。这种命名方式直观明了，客户一目了然知道产品能解决什么问题。

功能命名的最大优势在于直击客户的核心需求，特别适合解决特定问题的产品。当客户面临某个具体问题时，功能清晰的品类名能够迅速被纳入考虑范围。例如，当客户担心牙齿蛀牙问题时，"防蛀牙膏"这一名称直接对应了这一需求，大大提高了被选择的几率。

功能命名还有助于产品在竞争中建立差异化优势。在同质化严重的市场中，功能导向的品类名能够突出产品的独特价值主张，形成清晰的市场定位。

原料命名

突出产品使用的主要原料，如桂圆莲子八宝粥、乌龙茶。原料命名适用于原料是产品核心卖点的情况，能够直接传达产品特性。

原料命名不仅能传递产品的基本组成，还能暗示产品的品质和效果。特别是当某些原料在客户心目中已经具有特定价值认知时，如人参、燕窝、鱼子酱等，原料命名能够迅速传递产品的高端定位和特殊功效。

在食品、化妆品、保健品等领域，原料命名极为常见，因为这些行业的客户通常对特定原料有较高的认知度和信任度。透明、直接的原料标示也能增强产品的可信度，满足现代客户对产品成分透明的需求。

外观原理

基于产品外观或形态特征命名，如笔记本电脑、洗衣凝珠。这种命名方式利用直观的形象特征，帮助客户快速识别产品。

人类大脑对视觉信息处理速度远快于文字信息，外观原理命名能够激活客户的视觉想象，形成直观的产品认知。例如，"笔记本电脑"这一名称立即让人联想到便携式、类似笔记本大小的计算设备，与台式机形成鲜明对比。

外观原理命名特别适合具有独特外形或产品形态创新的产品。这种命名方式能够强化产品的视觉辨识度，帮助客户在复杂的市场环境中快速识别产品类别。

客群特征

针对特定客户群体进行命名，如儿童安全座椅、孕妇钙。客群命名明确了目标客户，减少了营销沟通的障碍。

客群命名的一大优势是能够精准定位目标市场，降低营销传播成本。当产品名称直接指向特定客户群体时，非目标客户会自然过滤，而目标客户则会产生更强的关注度和认同感。

这种命名方式也传递了产品为特定人群量身定制的信息，暗示了更专业、更精准的产品价值。例如，"老人手机"这一名称直接表明了产品针对老年人的易用性设计，对目标客户极具吸引力。

在细分市场战略日益重要的今天，客群命名为企业精准触达目标客户提供了有效工具，有助于建立差异化竞争优势。

技术原理

突出产品采用的核心技术，如光波炉、蜂窝不粘锅。技术原理命名适合以技术创新为核心卖点的产品，传达专业性和独特性。

技术原理命名能够强调产品的创新性和先进性，特别适合科技含量高的产品。通过突出独特技术，品牌能够建立技术领导者的形象，获得客户更高的信任度和溢价能力。

这种命名方式也有助于产品专利保护和市场区隔。独特的技术术语可以成为品牌的专属资产，防止竞争对手模仿和跟风。例如，戴森的"气旋科技"、特斯拉的"Autopilot 自动驾驶"等技术命名已经成为品牌的重要识别符号。

然而，技术原理命名需要注意平衡专业性和易懂性，避免使用过于晦涩的专业术语导致客户理解障碍。

工作原理

说明产品的工作方式或运行机制，如电动汽车、燃气灶。这种命名方式能够帮助客户理解产品的基本工作方式，降低认知门槛。

工作原理命名特别适合具有明确操作方式或能源类型的产品。它能够帮助客户在购买前就理解产品的基本使用方式，减少使用障碍和认知偏差。

这种命名方式也便于产品分类和比较。例如，客户可以轻松区分"电动牙刷"和"手动牙刷"的区别，做出更符合自身需求的选择。

工作原理命名通常比较中性和事实性，缺乏情感价值，因此常需要辅以情感化的品牌名来平衡理性和感性的诉求。

选择合适的品类命名方法，取决于产品的差异化战略和目标客户的认知习惯。好的品类名能让客户一听就明白"这是什么"，为品牌建立清晰的认知基础。在实践中，这六种方法也可以灵活组合，如"儿童电动牙刷"同时运用了客群特征和工作原理命名法。

品牌命名：建立品牌差异

品类名解决了"这是什么"的问题，而品牌名则回答"你是谁"的疑问。好的品牌名能够在同质化的市场中建立独特的品牌个性，为企业创造持久的竞争优势。

品牌命名四个步骤

结合品类

品牌名应与品类相关联，让客户易于理解和记忆。如周黑鸭、货拉拉、喜茶等都明确表达了产品类别，降低了客户的认知负担。

结合品类的品牌命名不仅帮助客户快速理解，还能提高品牌在相关品类中的自然搜索排名。当客户搜索特定品类时，含有品类关键词的品牌更容易被搜索算法匹配并展示给潜在客户。

品类关联命名还有助于品牌在竞争中建立差异化优势。它使品牌能够在特定品类中树立专业形象，提升客户对品牌专业性的感知。

成功的品类关联名并非简单地将品类名附加到品牌名后，而是需要创造性地将品类特性融入品牌名中，形成独特而连贯的品牌识别。

明确定位

先有定位，再有名字。品牌名应体现品牌的核心定位和价值主张。如大角鹿暗示瓷砖耐磨的定位，德盾则传达安全可靠的产品定位。

明确定位的品牌命名有助于品牌在竞争中建立差异化优势。一个能够准确反映品牌定位的名称，可以减少营销沟通成本，直接通过名称传递品牌价值主张。

品牌定位应该从客户需求出发，找到品牌能够满足的独特价值。例如，"七匹狼"这一名称传达了男装品牌的阳刚之气和领导者气质，与其面向商务男性的定位高度一致。

定位明确的品牌名不仅能吸引目标消费群体，还能自然过滤非目标客户，提高营销效率和客户转化率。例如，"佳洁士专业牙齿护理中心"这一名称明确传达了专业定位，自然吸引对口腔护理有较高要求的客户。

命名测试

好的品牌名应使用常用汉字，确保老人、小孩都能认识。在最终确定前，应进行多渠道测试，评估名称的易记性、关联性和传播效果。

命名测试应该考察以下几个方面。

易读易记：测试受众是否能准确发音并记住品牌名。

含义理解：评估受众对品牌名含义的理解是否符合预期。

情感反应：测量品牌名引发的情感反应是否积极。

区隔效果：检验品牌名是否能与竞争对手有效区分。

跨文化适应性：如果计划国际化，需测试品牌名在不同文化背景下的接受度。

质量好的命名测试应结合定量和定性方法，既获取数据支持，又深入了解客户的思考过程。可以通过焦点小组、个人访谈、线上问卷等多种方式收集反馈。

命名注册

品牌命名必须考虑商标注册的可行性。

购买优先：如果好名字已被注册，可考虑购买商标。

保护性注册：进行品类注册和全球注册，防止侵权。

储备性注册：如华为注册整本《山海经》中的名称作未来储备。

商标注册不应该是命名过程的最后一步，而应该贯穿整个过程。在初步筛选品牌名候选名单时，就应进行初步的商标查询，避免在后期发现心仪的名称无法注册而返工。

企业应该构建长期的品牌命名战略。随着业务的发展，可能需要不断推出新产品或子品牌，提前储备一批符合品牌调性的名称，可以大大提高新品上市的效率和一致性。

华为注册《山海经》中大量名称的做法，体现了顶级企业对品牌命名的战略性思考。这种储备性注册不仅为未来产品线扩展提供了选择空间，还避免了潜在竞争对手的模仿和跟风。

品牌命名五个原则

独特

品牌名需要与竞争对手形成明显区隔，具有独特性和边界感。红牛（而非黄牛）、蓝月亮、飞猪、携程等都是具有独特性的品牌名。然而，要谨防风尚化，避免跟风命名导致的同质化。

独特性是品牌名的首要价值，它直接影响品牌在客户心智中的占位效果。在信息爆炸的时代，独特的品牌名能够减少与竞争品牌的混淆，提高品牌回忆率。

研究表明，大脑对异常或独特的信息有更高的记忆敏感度。一个打破常规的品牌名往往能够激活大脑更多的神经区域，形成更深刻的记忆印记。例如，"饿了么"这个不循常规的问句式品牌名，比一般的"某某外卖"更容易被记住。

值得注意的是，独特不等于怪异或难懂。最理想的品牌名应该在保持独特性的同时，仍然易于理解和传播。

简单

好的品牌名通常控制在 2~3 个字，简短易记，如老乡鸡、德盾、钉钉、汰渍等。简单的名称降低了认知门槛，提高了传播效率，更容易在客户心智中留下印记。

心理学研究表明，人类短期记忆的容量有限，通常能够同时记住 7 ± 2 个信息单元。简短的品牌名占用的认知资源更少，更容易被完整记忆和提取。

简单的品牌名还有利于多渠道传播。无论是口头传播、印刷媒体、数字广告还是包装设计，简短的名称都能保持清晰可辨，不会因空间或时间限制而被截断或模糊。

在全球化背景下，简单的品牌名也更容易跨文化传播，减少在不同语言环境中的理解障碍。例如，Nike、Zara、Ikea 等简短品牌名在全球范围内都能保持一致的发音和识别。

易传播

品牌名应易于发音、易记、易写、易分享。如宝马、奔驰等名称朗朗上口，便于口耳相传。复杂难读或多音字的品牌名会增加传播障碍，降低传播效率。

易传播的品牌名通常具有良好的节奏感和音韵美，让人说出来顺口，听起来悦耳。这种品牌名更容易在社交场合被提及和推荐，获得自然的口碑传播。

在数字营销时代，易传播的品牌名还应考虑搜索友好性。名称应该容易拼写、不易出错，确保客户能够顺利通过搜索引擎找到品牌。避免使用生僻字、特殊符号或容易混淆的拼写形式。

品牌名的易传播性不仅影响品牌认知的广度，还关系到客户对品牌的态度。难以发音或记忆的品牌名往往会给客户带来挫折感，无形中增加了品牌接受的心理阻力。

画面感

具有画面感的品牌名能在客户心智中形成鲜明形象，增强记忆点。如天猫、大角鹿、三只虎等名称能让人立即联想到具体的视觉形象，提高品牌的记忆度。

认知心理学研究表明，人类大脑处理图像信息的速度远快于文字信息，图像也比文字更容易被长期记忆。具有画面感的品牌名能够激活大脑的视觉想象系统，将文字信息转化为更易记忆的图像信息。

画面感强的品牌名还为视觉标识设计提供了丰富素材，使品牌标志、吉祥物等视觉元素的开发更加自然和连贯。此外，具有画面感的品牌名往往更具情感亲和力，能够引发客户的积极情绪反应。这种情感连接有助于建立更深层次的品牌忠诚度和情感依赖。

关联品类

品牌名最好能与品类产生自然关联，触发良好的联想。如滴滴出行、绝味鸭脖等名称直接点明了产品类别，有助于客户快速理解品牌定位。

与品类关联的品牌名能够减少客户理解品牌的认知成本，加速品牌定位的建立。特别是对于新兴品类或创新产品，关联品类的命名有助于客户快速理解产品属性和用途。

这种命名方式也有助于品牌在特定品类中建立权威性和专业形象。例如，"眼科医院"四个字直接出现在"爱尔眼科"的品牌名中，强化了其在眼科医疗领域的专业定位。

当然，关联品类也需要平衡长期发展的灵活性。过于狭窄的品类关联可能会限制品牌的扩展空间。因此，成熟品牌在拓展新品类时，常常选择创建子品牌或新品牌，而非扩展原有品牌的内涵。

品牌命名需避免的问题

糟糕的品牌名往往存在以下问题。

多音字： 如"乐行天下平衡车"中的乐和行有多种读音，增加理解难度。

生僻字： 如"炭炗"使用罕见汉字，客户难以识别和记忆。

谐音： 如"黄太极"容易产生歧义或负面联想。

名字太长： 如"宝矿力水特"冗长难记。

风尚化： 如"叫了个鸡"命名太风尚，容易产生负面认知。

除了上述问题外，品牌命名还应避免以下陷阱。

文化障碍： 品牌名在不同文化背景下可能产生意想不到的负面解读。

过度描述性： 过于直白的描述性名称可能缺乏情感吸引力和记忆点。

过度抽象： 完全没有实际意义的抽象名称可能难以与品牌形成关联。

难以保护： 通用词汇或描述性词汇可能难以获得商标保护。

发展限制： 过于狭窄的名称可能限制品牌的未来扩展。

品牌命名六大技巧

品牌命名可借助以下六种技巧。

1. 动植物法

借用动植物形象，如苹果、三只虎。动植物名称通常具有天然的亲和力和画面感，便于形成鲜明的品牌形象和视觉标识。例如，"猫途鹰（TripAdvisor）"利用猫头鹰的智慧形象，传达旅游指南的专业性和洞察力。选择动植物名称时，应考虑其在目标文化中的象征意义和情感联想。例如，在中国文化中，龙象征着力量和吉祥，而在某些西方文化中，龙可能有不同的文化内涵。

2. 人名法

使用创始人或历史人物名字，如特斯拉、老干妈、丰田。人名品牌往往具有真实性和故事性，能够为品牌注入人格特质和历史厚度。特别是创始人名字，能够传达品牌的责任感和匠心精神，如乔治·阿玛尼、香奈儿等。人名品牌也便于发展品牌故事和营销传播。创始人的经历、理念和价值观可以成为品牌营销的丰富素材，增强品牌的情感联系和文化深度。

3. 地名法

基于产地或地理位置命名，如茅台、青岛啤酒、涪陵榨菜、五常大米。地名品牌能够借助特定地域的历史文化和自然资源优势，建立品牌的独特性和真实性。特别是在食品、饮料、奢侈品等领域，产地常常与特定品质特征相关联。地名品牌还能利用客户对特定地域的积极情感联想。例如，法国红酒、瑞士手表、意大利皮鞋等都借助了客户对这些地域在特定产品上的信任和偏好。

4. 数字法

使用数字命名，如五粮液、7-11、三只松鼠、三只虎。数字品牌名简洁明了，易于记忆和识别。特别是个位数或有特殊含义的数字，如五粮液中的"五"、7-11中的"7"和"11"等，都具有很强的记忆点。数字品牌还可以暗示产品的特性或价值主张。例如，三只松鼠中的"三"传达了产品的丰富性和多样性，"360"则暗示了全方位的安全防护。

5. 描述法

直接描述特征或功能，如今日头条、微信、大众点评。描述性品牌名能够直接传达产品的核心功能或特征，减少客户的理解成本。例如，"饿了么"直接描述了客户的需求状态，"快手"则表明了平台的内容特点。好的描述性品牌名不仅说明产品是什么，还能传达独特的品牌个性或价值观。例如，"小红书"不仅说明了它是一个内容平台，还传达了温馨、个人、私密的情感特质。

6. 叠字法

使用重复字，如滴滴、钉钉。叠字品牌通常具有良好的音律感和亲和力，使品牌更加朗朗上口，便于口头传播。尤其对于面向大众消费市场的产品，叠字品牌能够传达轻松、亲切的情感基调。叠字品牌还特别适合与节奏感或重复动作相关的产品。例如，"滴滴"暗示了出租车计价器的声音，"钉钉"则与敲击键盘或发送消息的动作相呼应。

当企业有了一个好名字，它就成功占据了客户心智中的特定位置，为后续的视觉形象和传播策略奠定了坚实基础，大幅提升了品牌的市场竞争力和商业价值。

在竞争激烈的市场环境中，"取好名字"的价值还体现在防御竞争上。当一个品牌在客户心智中建立了强大的品类关联，后来者就很难撼动其地位。即使竞争对手投入更多的广告资源，也难以改变客户已经形成的品牌—品类连接。

2.视觉符号——打造独特视觉标识

在"霸品牌"策略中，继"取好名字"之后的第二个关键武器是"视觉符号"。如果说品牌名是心智占位的文字符号，那么视觉符号则是情感沟通的视觉语言，它能在瞬间触发客户的情感反应和购买欲望。

视觉符号包括独特的外观、色彩、包装、LOGO、经典广告形象等一系列视觉元素。它们不仅仅是美学装饰，更是品牌价值的直观表达和情感连接的重要桥梁。出色的视觉符号能够让客户在看到品牌的第一眼就产生好感，从而大大缩短从认知到购买的决策路径。

在信息爆炸的时代，视觉符号的战略价值日益凸显。客户每天面对数以千计的商业信息，大脑会自动过滤掉大部分内容。而视觉信息因其直观性和情感触发力，往往能够绕过这一过滤机制，直接进入客户心智。

视觉符号的核心价值

视觉与文字对比的优势：强化品类、传达定位

视觉符号是品牌传播中的重要载体，其核心价值在于强化品类认知和传达品牌定位。一个精心设计的视觉符号能够在瞬间帮助客户理解产品所属品类，同时准确传递品牌的核心价值主张。

相比文字信息，视觉符号具有两大显著优势。

优势一：有情感的信息不易被过滤

"一图胜千言"体现了视觉信息的强大力量。当客户面对大量文字信息时，大脑会自动过滤和筛选，而富有情感的视觉元素却能迅速穿透这一防线。正如图例所展示的，文字"婴儿"与婴儿的实际照片相比，后者能够瞬间唤起更强烈的情感共鸣。视觉符号能够直达客户的情感中枢，避开理性判断的屏障，从而形成更深刻的品牌印象。

人类进化过程中，视觉系统的发展远早于语言系统。我们的大脑天生就对视觉信息有着更高的处理效率和情感敏感度。研究表明，带有情感内容的视觉信息在记忆测试中的回忆率比纯文字信息高出65%。这就是为什么我们能清晰记住童年看过的广告画面，却记不住其中的文字内容。

在品牌建设中，有情感的视觉符号能够突破客户对商业信息的防御机制，建立更直接的情感连接。无论是麦当劳的金色拱门，还是苹果的咬了一口的苹果，这些视觉符号都能瞬间激活客户的品牌记忆和情感联想。

优势二：触达的信息更远，更有冲击力

视觉符号的第二大优势在于其传播半径和冲击力。与文字信息相比，视觉符号不受语言和文化的限制，能够跨越更远的距离传递信息。如下图所示，"停等行"三个文字与交通信号灯的图像相比，后者无论在任何国家、任何文化背景下都能立即被理解，并产生强烈的指令性冲击力。

这种视觉冲击力在品牌传播中尤为重要。客户每天面对数以万计的信息轰炸，而独特鲜明的视觉符号能够在这场"注意力争夺战"中脱颖而出，在最短的时间内传递最有力的品牌信息。

视觉符号的冲击力还体现在其跨文化传播能力上。相比语言的地域限制，视觉符号更具普遍性和直观性，能够跨越语言和文化障碍，在全球范围内建立一致的品牌认知。这也是为什么国际品牌往往注重发展强有力的视觉识别系统，以支持其全球扩张战略。

视觉符号的十大来源

成功的视觉符号并非随意设计，而是基于品牌战略和客户心理的科学选择。以下是构建强大视觉符号的十大来源。

颜色：与领导品牌对立，单色总比多色好

颜色是品牌视觉识别的首要元素，它能在瞬间触发品牌记忆。在颜色选择上，有两大原则。

与领导品牌对立：在颜色选择上，应与行业领导品牌形成鲜明对比。如可口可乐选择红色，百事可乐则选择了蓝色。颜色对立不仅增强了品牌识别度，还在视觉上强化了品牌差异化定位。

单色总比多色好：单一颜色的视觉冲击力和记忆点往往强于多色组合。例如，法拉利的红色、蒂芙尼的蒂芙尼蓝、爱马仕的橙色，这些品牌都将单一颜色发展成为强大的品牌资产。单色应用不仅提高了品牌识别效率，还便于在各种媒介中保持一致性。

产品：植入性视觉

将视觉符号直接融入产品本身，是建立强大品牌识别的有效方式。这种"植入性视觉符号"能够让产品本身成为品牌的代言人。

奥利奥的黑白夹心饼干设计独特，产品本身就是最鲜明的视觉符号。无论奥利奥如何创新口味和包装，黑白夹心的核心视觉形象始终保持一致，成为品牌的永久识别标志。

中间有个圈的薄荷糖（宝路）通过产品造型上的微创新，使其在众多竞品中立即可辨识。这种简单但独特的产品特征，在消费体验中不断强化品牌记忆。

包装：做的不同

在同质化严重的市场中，独特的包装设计能够成为品牌的强大视觉符号。好的包装不仅保护产品，更传达品牌个性，影响客户的购买决策。

三顿半咖啡突破了传统咖啡包装的常规，采用了小杯子包装包装形式，使其在众多咖啡品牌中脱颖而出。这种独特的包装设计成为品牌在社交媒体上广泛传播的关键因素，也提升了产品的溢价能力。

可口可乐的曲线瓶是包装设计的经典案例。这一设计诞生于1915年，初衷是让客户在黑暗中也能通过触摸识别出可口可乐。一个多世纪后，这一包装已成为全球最具识别度的品牌符号之一，无论是实体瓶身还是平面图形，都能立即唤起品牌联想。

成功的包装设计往往基于深刻的客户洞察和品牌战略。它不仅要在视觉上吸引注意力，还要符合产品定位、易于使用、适合货架展示，并能激发分享欲望。在数字时代，"适合拍照分享"已成为包装设计的重要考量因素。

动态：比静态更有冲击力

动态的视觉符号比静态的更能吸引注意力，产生更强的记忆点。人类视觉系统天生对运动物体更为敏感，这是我们的进化遗产——能够快速发现移动目标在原始环境中是生存必需的。

大角鹿超耐磨大理石瓷砖的标志设计鲜明地捕捉了鹿角磨树的动态，这种动态设计不仅提高了标志的辨识度，还赋予品牌更多生命力和个性。

苹果公司的开机动画——从黑屏到亮起的苹果标志，成为客户每天都会接触的品牌仪式。这一简单的动态视觉元素增强了品牌体验的连贯性和情感连接。

在数字媒体时代，动态视觉符号有了更广阔的应用空间。从网站上的交互动效，到社交媒体上的品牌贴纸，再到实体店中的动态显示屏，动态视觉元素正成为品牌视觉系统中越来越重要的组成部分。

形状：简单易懂

在视觉符号设计中，简单、易懂的形状往往最为有效。复杂的设计可能在艺术表现上更丰富，但从品牌识别和记忆的角度看，简单形状的优势明显。

奔驰的三叉星标志简洁明了，易于识别和记忆。这一设计最初代表奔驰在陆地、水上和空中的机械化交通愿景，如今已成为豪华汽车的全球象征。

特斯拉的标志采用简化的"T"形，既体现了品牌名的首字母，又暗示了电动马达截面的形状。这种既简单又富有含义的设计，使得特斯拉标志能在瞬间被识别，并传达品牌的技术创新特性。

简单形状的另一优势是其多功能应用性。无论是小尺寸的应用（如手机图标），还是大型户外广告，简单形状都能保持清晰可辨。同时，简单形状也更易于在各种材质和工艺中实现，从印刷到刺绣，从浮雕到投影，都能保持一致的视觉效果。

创始人：本人发声更有力

在适当的情况下，创始人形象可以成为强大的品牌视觉符号。创始人代表了品牌的起源、理念和价值观，能为品牌注入独特的人格特质和故事性。

肯德基的桑德斯上校形象是创始人视觉符号的经典案例。即使桑德斯上校本人已过世多年，他那标志性的白发、眼镜和白西装依然活跃在全球各地的肯德基门店和产品包装上，成为品牌不可或缺的视觉符号。

费大厨等品牌同样将创始人形象作为核心视觉符号，通过真实的人物形象增强品牌的可信度和亲近感。在这类品牌中，创始人不仅是企业的领导者，更是品牌价值的象征和视觉传播的载体。

使用创始人形象作为视觉符号时，需要慎重考虑长期策略。创始人个人形象的变化、争议或退出，都可能对品牌造成影响。因此，许多品牌选择将创始人形象图案化或标志化，减少对特定个人的直接依赖，如肯德基将桑德斯上校形象卡通化处理。

符号：占据心智中已有的符号

利用客户心智中已有的符号，可以快速建立品牌联想和记忆。这种方法借用了既有符号的认知基础，为品牌注入现成的象征意义。

耐克的对钩标志（Swoosh）简洁有力，象征速度和动力。这一符号原本是动作的抽象表达，与耐克所倡导的运动精神高度契合。通过长期一致的应用，耐克成功占据了这一符号在客户心智中的位置，甚至到了不需要品牌名称，单独的对勾符号就能被识别的程度。

安踏的"A"形标志同样采用了动态线条设计，传达运动与力量的品牌定位。这一符号简洁明了，易于识别和记忆，成功建立了品牌在体育用品市场的视觉识别系统。

符号的力量在于其浓缩的表达能力。一个成功的符号能够在最小的空间内传达最丰富的含义。无论是十字形的医疗象征，还是心形的爱情表达，这些符号都承载着深厚的文化内涵和情感联想。品牌通过巧妙借用或创新这些符号，能够快速建立与客户的情感连接。

明星：双刃剑

明星代言是一种常见的品牌视觉策略，但它既有强大的传播优势，也存在潜在风险。明星的个人魅力和社会影响力可以为品牌注入活力和关注度，但明星个人行为的不确定性也可能对品牌造成负面影响。

明星代言的优势在于快速提升品牌知名度和美誉度。明星已经在客户心智中建立了特定形象和情感联系，品牌可以借此快速建立自身定位和情感联系。例如，体育品牌与运动明星的合作，美妆品牌与演艺明星的合作，都能有效传达品牌价值和产品特性。

然而，明星代言也是一把双刃剑。明星个人行为失当、卷入争议或形象变化，都可能影响品牌声誉。此外，明星的高知名度有时会掩盖品牌本身，导致客户记住了明星，却忘记了品牌。

为降低风险，许多品牌采取多元化的明星策略，或将明星形象与产品功能紧密结合，确保客户记住的是产品价值而非仅仅是明星本身。一些成熟品牌则倾向于培养自己的品牌符号，减少对外部明星资源的依赖。

动物：把动物人像化

动物形象是品牌视觉符号的丰富源泉。动物天生具有特定的性格特征和文化象征，能够直观地传达品牌个性和价值主张。通过将动物人像化处理，品牌能进一步强化情感连接和记忆点。

京东的狗狗形象（Joy）是动物视觉符号的成功案例。这一卡通狗形象既可爱又忠诚，与京东快速、可靠的服务形象相契合。经过多年发展，Joy 已从简单的标志发展为全方位的品牌角色，出现在京东的各种客户接触点，成为品牌亲和力的重要载体。

天猫的猫头标志将猫的机敏、独立特性与电商平台的品质保证联系起来。这一动物符号简洁有力，易于识别和应用，成功建立了品牌在客户心智中的独特位置。

动物符号的优势在于其跨文化理解性和情感亲和力。大多数动物形象具有普遍认知的特性，如狮子代表勇气、猫头鹰象征智慧、蜜蜂暗示勤劳等。品牌可以借助这些已有认知，快速建立品牌形象和情感连接。同时，动物形象天然具有生命力和亲和力，能引发客户的保护和亲近本能，为品牌增添情感魅力。

传承：让历史发挥作用

对于拥有悠久历史的品牌，传承元素是珍贵的视觉资产。历史符号承载着品牌的故事和积累的信任，能够传达品牌的专业性、可靠性和文化深度。

同仁堂成立于 1669 年，其古朴的招牌和传统的店面设计成为品牌的核心视觉符号。这些传承元素不仅体现了品牌的悠久历史，也传达了其对传统医学和品质的坚守，为现代客户提供了信任的视觉凭据。

南方黑芝麻糊巧妙地将传统元素融入现代包装设计，既保留了产品的传统特性，又赋予品牌现代的视觉表达。这种传统与现代的平衡，使品牌能够同时吸引怀旧情感和现代消费需求。

传承元素的运用需要平衡传统与创新。过于守旧可能导致品牌形象老化，难以吸引新生代客户；过度创新则可能丧失历史积累的品牌资产。成功的传承视觉策略往往是对核心传统元素的尊重和创新演绎，既保留品牌的历史根基，又赋予其当代表达。

视觉符号不是孤立的设计元素，而是整个品牌战略的视觉表达。从颜色到包装，从标志到空间设计，所有视觉元素都应形成协同效应，共同传达一致的品牌价值和情感诉求。只有这样，品牌才能真正实现一见倾心的力量，成为客户马上就买的驱动力之一。

3.传播口号——简洁有力传达定位

"传播口号"是"霸品牌"的第三大核心武器，也是实现马上就买品牌力量的最后一环。如果说取好名字解决的是认知问题，视觉符号解决的是情感问题，那么传播口号则直击决策问题——让客户毫不犹豫地做出购买决策。

好的传播口号不是简单的宣传标语，而是能够直击客户购买动机，触发即时行动的强有力催化剂。它像一把钥匙，能够迅速打开客户心智中的"购买开关"，缩短从认知到行动的决策路径。

在"霸品牌"策略中，传播口号的作用是卖货，而非仅仅树立品牌形象。它必须直接关联客户的核心需求和购买理由，建立品牌与购买行为之间的必然联系。正如阿里巴巴创始人马云所言："好的营销不是讲故事，而是给客户一个购买的理由。"

传播口号的先决条件

传播口号不是凭空产生的，它必须建立在坚实的品牌基础上。在制定传播口号之前，需要先明确两个核心要素。

先有品类和定位，再有传播口号

传播口号是品类和定位的强化和提炼，而非随意的创意表达。只有当品牌在特定品类中确立了清晰定位，传播口号才能有的放矢，直击要害。例如：

白加黑："白天吃白片不瞌睡，晚上吃黑片睡得香。"这一口号直接强化了产品的品类定位——针对不同时段需求的复合感冒药，让客户一听就明白产品的使用场景和核心价值。

大宝："要想皮肤好，早晚用大宝。"这一口号明确了产品的品类属性（护肤品）和使用方式（早晚使用），同时提供了明确的购买理由（改善皮肤状况）。

农夫山泉："农夫山泉有点甜。"这一口号强化了产品的品类特性（天然矿泉水）和独特卖点（微甜口感），与其天然、健康的品牌定位高度一致。

传播口号必须是品类定位的延伸和深化，而非脱离战略的创意游戏。只有与品类定位紧密关联的传播口号，才能有效引导客户的购买决策。

传播口号两大准则

利益导向

人类天生关注与自身利益相关的信息。有效的传播口号必须直接指向客户的核心利益，提供明确的价值主张。客户想知道的不是"这个品牌是什么"，而是"这个品牌能为我做什么"。

经常用脑——喝六个核桃：这一口号直接针对脑力工作者的需求，将产品与特定场景（用脑过度）和解决方案（补充营养）关联起来。通过明确的利益导向，让目标客户立即理解产品价值。

嗓子不舒服——来颗金嗓子：这一口号同样基于问题—解决方案结构，直指客户的特定痛点（嗓子不适），并提供即时解决方案。这种直接的利益表达大大缩短了客户的决策路径。

利益导向的传播口号之所以有效，是因为它们符合人类认知的基本特点：我们的大脑会优先处理与自身利益相关的信息，并且更容易记住能解决特定问题的方案。当客户面临特定需求时，这类口号能立即被激活，成为购买决策的直接触发器。

竞争导向

在竞争激烈的市场中，传播口号不仅要告诉客户"为什么买"，还要说明"为什么选择我们"。竞争导向的传播口号能够建立品牌的独特优势，帮助客户在众多选择中做出决定。

只有可口可乐才是真正的可乐：这一经典口号直接划分了市场界限，将可口可乐定义为唯一真正的可乐，其他都是模仿者。这种竞争区隔让客户在选择时有了明确标准。

怕高温释放甲醛，用久盛实木地暖地板：这一口号针对客户对复合地板的健康担忧，强调了实木地板的安全优势，同时暗示了竞争产品的潜在风险。这种对比式表达有效强化了品牌的竞争优势。

百岁山真正的天然矿泉水：通过强调"真正的天然"，这一口号暗示市场上存在不够天然的矿泉水产品，建立了品牌的品质差异化。

竞争导向的传播口号帮助客户在复杂的市场环境中简化决策过程。它们提供了明确的选择标准和区隔依据，使品牌在竞争中脱颖而出。在品类同质化严重的市场，这种区隔尤为重要，能为品牌建立独特的心智位置。

传播口号五大陷阱

在制定传播口号时，企业常常落入五大陷阱，导致传播效果不彰，无法实现"一秒购买"的目标。

业务说不清

许多企业的传播口号之所以无效，是因为其业务定位本身就不清晰。当企业无法明确回答"我们是什么"和"我们的核心价值是什么"时，传播口号自然也会模糊不清，无法触发客户的购买行为，如：

- 正雅：隐形矫正
- 萨米特：师法自然
- 耀龙集团：让中国更受尊重

这些口号无法让客户明白企业是干什么的，说了等于白说，关键是钱白花了。

如何解决业务说不清？——明确品类归属

传播口号必须建立在清晰的品类定位基础上。企业需要首先确定自己在客户心智中的品类位置，然后才能制定有效的传播策略。例如，王老吉明确定位为"预防上火的饮料"，使其传播口号"怕上火，喝王老吉"直击特定需求。

优势说不准

另一个常见陷阱是企业无法清晰表达自身的独特优势。当传播内容无法回答"为什么选我而不是竞争对手"时，客户就缺乏明确的购买理由，难以做出决策，如：

- 丰谷酒王：从容有度，尽在中国；让有情，更有情
- 宝锐力：聚餐用公筷，喝宝锐力
- 中国联塑：大国品牌

如何解决优势说不准？——找准购买理由

有效的传播口号应该明确传递品牌的核心竞争优势，为客户提供具体的购买理由。例如，加多宝的"怕上火，喝加多宝"与王老吉类似，但没有形成明确的品牌差异化优势，使其在竞争中处于不利地位。相比之下，日丰管的"管用五十年"则精准捕捉了耐用这一差异化卖点，为客户提供了明确的选择理由。

照着同行说

市场上，大量企业陷入"跟风传播"的陷阱，复制或模仿行业领导者的表达

方式，导致品牌信息同质化严重，难以在客户心智中留下独特印记。

以家电行业为例，多家企业的传播口号高度同质化：

- 创维：健康美妙生活
- 新飞：臻爱生活
- 长虹：快乐创造 C 生活
- 艾美特：精致你的生活
- 华帝：幸福生活，原来如此
- 海尔冰箱：心灵感，鲜生活
- 春兰：创造新生活

这种"生活"主题的泛滥使得各品牌难以建立差异化记忆点，客户难以区分和记忆。

同样，互联网领域也存在类似问题：

- 有问题，找百度
- 有问题，上知乎

这种模仿式表达不仅缺乏创意，更严重的是无法建立品牌独特性。

如何解决照着同行说？——区隔竞争对手

有效的传播口号应主动与竞争对手拉开差距，寻找未被占据的心智空间。品牌需要找到自身独特的价值主张和表达方式，避免落入行业表达的俗套。例如，当多数饮料品牌强调"解渴"时，红牛另辟蹊径，强调"提神醒脑"，成功占领了特定的品类心智。

主观表述

许多传播口号过于主观，缺乏事实依据和可信度，无法有效说服客户。例如：

- 赤水河酒：好喝，赤水河酒
- 加多宝：怕上火，更多人喝加多宝
- 雨润：吃雨润，更新鲜

这类主观表述缺乏具体证据和事实支撑，客户很容易产生质疑和抵触情绪。

如何解决主观表述？——以客观事实作支撑

有效的传播口号应该基于客观事实或可验证的产品特性，而非空洞的自我褒奖。例如：

- 凉白开：更适合中国人的体质——基于中国人饮食习惯和健康需求的客观事实

- 王老吉：怕上火，喝王老吉——基于产品功效的直接表述
- OPPO 手机：充电五分钟，通话两小时——基于产品性能的具体数据

这些基于客观事实的表述更具说服力，能够有效减少客户的心理抵抗，提高转化率。

一天一个样

缺乏长期一致性是许多品牌传播的致命弱点。频繁更换传播口号会导致客户混淆和品牌记忆分散，无法建立强大的品牌联想。

- 加多宝：先是"怕上火，喝加多宝"，后变为"正宗凉茶，加多宝出品"，再变为"配方正宗，当然更多人选择"，再到"凉茶怕上火，就喝加多宝"等
- 恒大冰泉：从"一处水源供全球"到"喝茶甘醇 做饭更香"再到"天然冰泉 美丽永恒"等

如何解决一天一个样？——强化战略

有效的传播需要长期坚持和积累。品牌应该基于核心战略制定传播口号，并保持长期一致性。例如，东鹏特饮的"累了困了 喝东鹏特饮"是经过数十年坚持的传播主张，通过重复和积累，深入客户心智，成为品牌的核心资产。

长期一致的传播不代表千篇一律。品牌可以在保持核心主张一致的基础上，根据市场环境和受众需求进行创新表达，但核心价值主张应保持稳定。

传播口号六大技巧

要创造能够触发"一秒购买"的有效传播口号，可以运用以下六大技巧。

重复：加深记忆并增强信息可信度

重复是最基本也是最有效的传播技巧。心理学研究表明，人们对重复听到的信息更容易产生信任和接受。这一现象被称为"真实性效应"或"重复效应"，遵循一个简单的心理规律：熟悉带来真实感。

重复不仅发生在口号本身的重复使用上，也可以体现在口号的内部结构中。例如，"今年过节不收礼，收礼只收脑白金""你没事吧？没事就吃溜溜梅"，名称与问句的重复增强了品牌的记忆点。

有效的重复应该是战略性的，而非机械性的。品牌需要确定核心价值主张，然后在不同渠道和接触点持续强化这一主张，形成协同效应。随着重复次数的增加，客户对信息的熟悉度上升，接受度和信任度也随之提高。

押韵：增强记忆和信任感

押韵是提高口号记忆度和感染力的有效技巧。押韵的口号有三大优势。

容易进入和储存于心智：押韵的语言结构能够激活大脑的音乐和语言处理区域，使信息更容易被记忆和提取。例如，"要想皮肤好，早晚用大宝""滴滴鲁花，香飘万家"等押韵口号都具有很高的记忆度。

顺口溜——天然信任感：押韵的表达方式类似民间顺口溜，具有一种朴素的亲和力和可信度。客户对这种形式的信息天然较少防备心理，更容易接受其中的主张。例如，"携程在手，说走就走"因其押韵结构而广为流传。

提升说服力，产生积极情绪，带来愉悦感：押韵的语言形式能够触发大脑的愉悦中枢，让信息接收过程本身成为一种积极体验。这种积极情绪会无意识地转移到品牌评价上，提高品牌好感度。

在创造押韵口号时，应注意平衡押韵形式与内容表达。过度追求押韵而牺牲内容清晰度的做法应当避免。最佳的押韵口号应该是形式与内容的完美结合，既朗朗上口，又传达明确信息。

反差：激发好奇心

反差是吸引注意力和激发好奇心的有力工具。人类大脑天生对反常、意外或不协调的信息更为敏感，这是一种进化形成的生存机制。传播口号中的巧妙反差能够打破常规认知，引发思考和兴趣。

拼多多："像亿万富翁一样购物。"这一口号将拼多多的平价特性与亿万富翁的奢华形象形成强烈反差，吸引注意力的同时也传达了品牌的核心价值——以低价获得高品质体验。

OPPO："充电5分钟，通话2小时。"这一口号中短时间充电与长时间使用的反差，打破了客户对手机充电速度的常规认知，有效突出了产品的差异化优势。

小罐茶："小罐茶，大师作。"小与大的对比，强化了产品的独特定位——小巧包装中蕴含大师级品质，这一反差既吸引眼球，又准确传达了品牌价值。

反差技巧的核心在于创造认知冲突，引发客户思考和关注。然而，这种反差必须有合理解释，否则将导致客户困惑或怀疑。成功的反差口号往往在吸引注意后，能够引导客户理解这一反差背后的品牌价值或产品优势。

双关：一语多义增强记忆

双关是语言艺术的精髓，它通过一个表达同时传递多层含义，大大提高了信息的密度和趣味性。在传播口号中，巧妙的双关能够增加记忆点，引发思考和共鸣。

欢乐喜剧人："搞笑，我们是认真的。"这一口号中，"认真"一词同时指向两个层面：一是表演者对喜剧事业的专业态度，二是节目内容的质量保证。这种双关既幽默又传达了品牌的专业定位。

戴比尔斯："钻石恒久远，一颗永流传。"这一经典口号中，"一颗"既指代钻石本身，又暗示爱情的"一颗心"，将产品特性与情感价值巧妙结合，成为行业经典。

平安保险："买保险就是买平安。"品牌名"平安"与产品价值"平安（安全）"形成完美双关，让品牌名本身成为产品价值的直接表达，大大增强了品牌记忆和联想。

成功的双关不仅仅是文字游戏，而是品牌价值的巧妙表达。它能够在有限的篇幅内传达更丰富的信息，激发客户的思考和解读乐趣。当客户"get"到双关的巧妙之处时，这种发现的愉悦感会转化为对品牌的好感。

连接：把品牌和品类绑在一起

连接技巧的核心在于建立品牌与特定品类或需求场景之间的强关联，使客户在想到某个品类或需求时，自然而然地想到特定品牌。这种连接有两种主要形式。

一个品类连接一个品牌

果冻，就爱喜之郎：将"果冻"这一品类与"喜之郎"品牌紧密绑定。

好空调，格力造：将"好空调"这一品质评价与"格力"品牌强关联。

这种连接方式的目标是在客户心智中建立品类领导地位，让品牌成为特定品类的代名词。成功案例如"复印＝施乐"、"方便面＝康师傅"等。

一个问题连接一个品牌

怕上火，喝王老吉：将"上火"这一问题与"王老吉"品牌关联。

经常用脑，多喝六个核桃：将"用脑过度"这一状态与"六个核桃"品牌绑定。

这种连接方式针对的是客户的特定需求场景或问题状态，目标是在客户面临特定问题时，立即想到该品牌作为解决方案。

连接技巧的成功在于持续一致的传播和强化。通过长期重复同一连接关系，品牌能够在客户心智中建立稳固的神经联系，使这种关联成为自动化的思维模式。当客户面临相关品类需求或问题状态时，特定品牌会自动成为首选方案。

类比：将陌生的概念，用已有的概念来理解

类比是传播复杂或新颖概念的强大工具。它通过将新事物与客户已熟悉的概念建立联系，降低理解门槛，提高接受度。尤其对于创新产品或复杂技术，类比能够大大简化传播难度。

多芬："比牛奶更滋养。"这一口号通过将护肤品与大众熟悉的牛奶进行类比，直观传达了产品的滋养特性。客户可能不了解护肤成分的专业知识，但对牛奶的滋养概念有直观理解，这一类比有效降低了理解门槛。

兔宝宝："和苹果一样环保。"将装修材料与客户熟悉的苹果产品进行类比，借用苹果在环保方面的正面形象，为自身产品背书。这种类比不仅传递了产品特性，还借用了参照物的情感联想。

成功的类比应建立在目标受众共同认知的基础上，选择恰当的参照物，确保类比关系清晰合理。过于牵强或晦涩的类比不仅无法达到简化理解的目的，反而可能增加理解难度或引发质疑。

在竞争激烈、信息过载的市场环境中，能够触发"一秒购买"的传播口号是品牌的重要竞争资产。它不仅提高了短期销售转化率，还通过长期重复和强化，在客户心智中建立了品牌与购买行为之间的稳固连接，为企业创造持久的市场竞争优势。

实战案例：从"纯自嗨"到"极致呈现"，一家包装纸箱企业的品牌蜕变

这家名为载象的纸箱企业，如今已成为华为、富士康等多家百强企业的长期指定供应商。然而，就在几年前，品牌名还叫"吉利华"，只是众多普通包装企业中的一员。这家企业是如何实现从默默无闻到行业翘楚的转变？答案就在于它们对"霸品牌"方法论的深刻理解和系统性应用。

企业背景：多元化经营的困局

公司创始人从 2004 年起涉足包装行业，公司经营范围包括纸板、纸箱、珍珠棉等多种相关品类，其中纸板及珍珠棉两个事业部曾一度成为省内销量领先的供应商。表面看来，企业经营状况良好，但多元化战略带来了日益增长的管理成

本和业务复杂度。

更为关键的是，企业品牌建设存在典型的"纯自嗨"问题：品牌名"吉利华"与产品毫无关联，难以记忆；产品定位为普通"包装纸箱"，缺乏差异化特点；传播口号"质量放心服务贴心"空洞无力，没有任何识别性；视觉形象毫无特色，在众多竞品中难以脱颖而出。这些问题导致企业虽有一定规模，却难以建立溢价能力和品牌忠诚度，发展陷入瓶颈。

战略转型：聚焦与重塑的勇气

系统学习品类称王战略后，创始人开始认真审视企业现状。通过市场调研和竞争分析，他做出了一个大胆决定：砍掉所有其他业务，聚焦发展新品类——"抗压纸箱"。

这一决策伴随着全方位的品牌重塑。首先，他将品类名从泛泛的"包装纸箱"升级为功能导向的"抗压纸箱"，直接突出产品核心特性。其次，品牌名从毫无关联的"吉利华"更名为"载象"，不仅易于记忆，还与产品的承重功能高度吻合。

在视觉识别系统上，公司创造了"站在纸箱上的大象"这一鲜明形象，直观展示产品的超强承重能力。最后，传播口号也从空洞的"质量放心服务贴心"升级为具体而有力的"载象抗压纸箱，可站一吨大象"，清晰传达产品价值和竞争优势。

成果：极致呈现带来的市场突破

这种系统性的"极致呈现"策略为载象带来了显著成效。品牌认知方面，客户一听到"载象"就能理解其为抗压纸箱，建立了清晰的品牌记忆。视觉识别方面，"站箱大象"的形象在行业中独树一帜，使产品在众多同类中脱颖而出。购买决策方面，具体的价值主张大大缩短了客户的决策过程，提高了转化率。

如今，载象已成功转型为华为、富士康等一流企业的长期供应商，被认可为中国抗压纸箱品类的开创者。其商业模式也从普通纸箱制造商升级为提供整体包装解决方案的服务商，利润率和客户忠诚度都实现了显著提升。

霸品牌工具

霸品牌——极致呈现，马上就买

维度	现状	优化
品类名		
品牌名		
视觉符号		
传播口号		
参考工具		

品类命名六方法

功能命名　原料命名
外观原理　客群特征
工作原理　技术原理

品牌命名五原则

独特
关联品类　简单
画面感　易传播

视觉符号十来源

颜色　产品
包装　动态
形状　创始人　明星
动物　符号　传承

传播口号六技巧

重复　押韵
类比　反差
连接　双关

本章总结

好品牌的标准——马上就买

马上就买才能实现强认知、提销量、扩口碑

马上就买的三大挑战：入心、入眼、入口

马上就买的陷阱——纯自嗨

    自说自话：主观臆断乱拍脑袋

    单向传播：脱离客户自吹自擂

马上就买的真谛——极致呈现

    呈现品类＋品牌：明示品类关联品牌

    呈现定位：视觉口号凸显定位

    呈现爆品：突出核心战略单品

霸品牌的方法论——极致呈现，马上就买

    1. 取好名字——科学命名品类品牌

    2. 视觉符号——打造独特视觉标识

    3. 传播口号——简洁有力传达定位

第五章

霸营销——一推即爆

在竞争激烈的市场环境中，无数企业投入大量资源进行营销，却收效甚微。与此同时，一些品牌却能凭借精准的策略一炮而红，迅速占领市场。这背后的关键就在于它们掌握了"霸营销"的核心秘诀——一推即爆。

什么是营销

在深入探讨霸营销之前，我们需要回归营销的本质。

营销就是卖货，但卖货的方式决定了品牌的高度。

这个直接而深刻的定义，精准地揭示了营销的根本目的。再卓越的产品，倘若无法转化为客户的实际购买行为，都难以称之为成功的营销。正如营销领域所流传的观点："光有好产品还不够，还得会卖。"这一观点清晰地指明，在市场竞争中，企业不能仅依靠产品本身，更要借助营销手段提升自身在产业链中的地位，实现从产品输出到标准制定、品牌打造的进阶。

然而，真正的营销绝不仅仅是简单的"卖货"行为，而是一个复杂的价值创造过程。

从产品到体验：优秀的营销将物理产品转化为情感体验。小米手机不仅卖的是硬件配置，更是"为发烧而生"的科技态度；星巴克不仅卖咖啡，更卖"第三生活空间"的生活方式。

从功能到意义：卓越的营销为消费行为赋予更深层次的意义。耐克不只是卖运动鞋，而是"Just Do It"的人生哲学；特斯拉不只是卖电动车，而是可持续未来的愿景。

从交易到关系：成功的营销将一次性交易转变为长期的品牌关系。海底捞不仅提供火锅，更创造了"服务至上"的品牌关系；小红书不仅是电商平台，更是基于信任的社区关系。

从销售到文化：伟大的营销创造了超越产品的文化现象。可口可乐不只是饮料，更是全球化的文化符号；迪士尼不只是主题公园，更是跨越代际的梦想王国。

成功的营销必须回答三个核心问题。

在营销大潮中，很多企业忽略了最基本的销售逻辑。要建立真正有效的营销体系，首先必须回答三个核心问题。

卖什么：明确定义你的产品或服务的核心特点和优势，确保其满足市场需求。优秀的营销不仅销售产品本身，而是销售价值和解决方案。农夫山泉告诉客户"我们只是大自然的搬运工"，王老吉强调"怕上火，喝王老吉"——它们销售的是价值主张，而非单纯的产品。我们的品类称王战略卖的不是课程本身，而是"先抢再霸，半年破局，三年称王"的价值主张，正是基于这一理念，不只解决客户当下问题，而是构建持续增长的系统性方案，让企业在竞争激烈的市场中迅速占据主导地位。客户购买产品时，实际上是在购买问题的解决方案和情感满足。

卖给谁：精准的客户定位是高效营销的前提。企业需要明确自己的目标客户是谁——那些既有需求又有能力购买产品的人群。我们"品类称王战略"方案班的目标客户画像非常明确：年营收千万元以上或高成长潜力，渴望打造自主品牌、摆脱同质化竞争的企业，有担当、有梦想的企业董事长、总经理；主要覆盖食品药品、餐饮饮料、家居建材、电子产品、汽车家电、科创企业等重点领域。这种精准定位要求我们深入了解目标客群的特征、行为习惯和消费心理，确保营销信息能够精准触达真正的潜在客户。

怎么卖：确定最有效的营销渠道和策略，优化客户获取流程和成本。

卖话术——以终为始。销售话术直接决定了销售的效果。成功的话术遵循特定的逻辑结构：开场讲愿景，描绘产品能带来的美好未来；中场讲冲突，揭示现状与愿景之间的痛点和障碍；收场讲相信，建立产品能解决问题的信任和信心；结尾讲感召，促使客户采取行动并传播分享。这种"以终为始"的话术设计，能够有效引导客户完成从认知到购买的转化过程。

卖信任——相信渴望。在信息爆炸的时代，客户面临的不是信息匮乏，而是信任匮乏。营销的核心挑战是如何在众多品牌中建立起独特的信任关系。这需要企业在产品质量、服务体验、品牌内涵等多个层面持续投入，构建品牌的可信度和专业权威形象，满足客户对确定性和安全感的渴望。

卖一个——核心单品。聚焦是营销成功的关键。企业必须在产品定位、品牌形象、营销传播等方面保持高度一致性，为客户构建一个清晰、统一的认知框架。只卖核心大单品，而非分散精力卖一堆产品。就像我们只卖"品类称王战略"方案班，通过这一核心产品为客户提供完整的方法论。这种聚焦策略确保了资源集中、传播一致，最大化客户价值。当客户在特定需求场景下，能够第一时间想到且只想到你的品牌，营销才算真正成功。

在当今信息过载的时代，客户面临着前所未有的选择过剩。真正出色的营销不再是简单地推销产品功能，而是要在嘈杂的市场中脱颖而出，与客户建立情感连接，创造令人难忘的品牌体验，最终形成难以复制的品牌资产和竞争壁垒。

正如德鲁克所言："营销的目标是了解客户需求，使产品或服务能够自我销售。"霸营销正是遵循这一原则，通过精准定位目标客群的核心需求，创造与之高度匹配的价值主张，最终实现"一推即爆"的市场奇迹。

好营销的标准——一推即爆

真正优秀的营销不是漫长的市场渗透过程，而是一经推出就能引爆市场的现象级效应。这种"一推即爆"的营销效果体现在三个关键方面。

是迅速出圈，不是缓慢渗透

好的营销能让产品快速突破原有客户圈层，引发更广泛的市场关注和讨论。而缓慢起渗透的营销则难以形成有效的市场影响力，容易被竞争对手超越。

案例

大角鹿超耐磨大理石瓷砖

大角鹿凭借"超耐磨大理石瓷砖"的产品定位，通过在线上线下各种"耐磨挑战"活动，迅速引发了客户关注。这种创新的营销方式使大角鹿从传统建材品牌迅速转变为家居生活方式的引领者，产品知名度在短时间内大幅提升，成功打破了瓷砖行业营销的固有模式，实现了真正的"迅速出圈"。

是销量猛增，不是增长乏力

好的营销直接体现在销量的快速增长上，能够在短期内带来显著的业绩提升，而不是陷入增长乏力的困境。

📋 **案例**

德盾安全门

德盾门业通过品牌重塑，将原本名为"金和美"的普通防盗门升级为"德盾超防撬钢安全门"，并配合"德国专利，超防撬钢安全门"的清晰传播口号及"福布斯踹门大赛"公关活动，使产品价值主张一目了然。这种精准的品牌定位与营销传播使德盾在不降价的情况下实现了销量的爆发式增长。在重塑品牌后的短时间内，德盾的单店销售额显著提升，产品毛利率维持在行业高位，彻底摆脱了传统门业常见的价格战和增长乏力的困境，真正实现了"销量猛增"的营销效果。

是引发跟风，不是无人问津

优秀的营销能够引领市场趋势，让竞争对手纷纷效仿，形成品类引领者的地位，而不是孤芳自赏、无人问津。

📋 **案例**

溜溜梅梅冻

溜溜梅通过推出创新产品"梅冻"，将传统青梅蜜饯转变为全新的食品形态。产品凭借独特的果冻质地与传统酸梅口味的结合，迅速引发客户好奇与尝鲜欲望。这一创新不仅为溜溜梅开拓了新的市场空间，更引领了整个休闲零食行业的新潮流。上市短期内，众多竞争对手纷纷效仿推出类似产品，从蜜饯、果冻到糖果品类的众多企业都加入了"梅冻热"的行列。溜溜梅因此成功建立了品类第一的市场地位，真正实现了"引发跟风"的营销效果。

好的营销就是要实现"一推即爆"的效果——迅速出圈、销量猛增、引发跟风。这不仅需要深刻的市场洞察和独特的产品定位，更需要创新的营销思维和执行力。只有将好产品与好营销相结合，企业才能在激烈的市场竞争中真正脱颖而出，实现商业成功。

为什么要一推即爆

在营销的角度来看，"一推即爆"是企业追求的理想状态——产品一经推出就能迅速引爆市场，形成强大的品牌势能。这种现象级营销效果并非偶然，而是企业战略规划和精准执行的结果。那么，为什么企业要努力实现"一推即爆"？这种营销状态能带来哪些关键优势？若未能实现又会造成哪些不利影响？

信心：团队更有底气和动力

成功的营销推广能迅速为企业团队注入强大的信心和动力。当产品一经推出便获得市场热烈响应，企业上下从管理层到一线员工都能感受到成功的喜悦和认可，工作热情和积极性随之大幅提升。这种积极情绪会形成良性循环，促使团队更加努力地提升产品和服务质量，进一步推动企业发展。

然而，若营销效果平平，未能实现预期目标，企业团队很容易陷入"士气低落"的困境。持续的低效营销会让员工怀疑产品价值和企业发展前景，工作热情逐渐消退，创新意愿降低，最终可能导致优秀人才流失，组织活力衰减。

资源：上下游资源主动汇聚

"一推即爆"的营销效果会吸引产业链上下游资源主动靠拢。供应商更愿意提供优质服务和更优惠的条件；渠道商争相引入产品，提供更好的陈列位置和推广资源；投资者主动寻求合作机会，为企业发展提供资金支持。这种资源聚集效应能够显著降低企业的运营成本，提升市场竞争力。

相反，若产品推广乏力，企业将面临"资源匮乏"的窘境。企业需要花费更多资源去争取供应商、渠道商和合作伙伴的支持，资源获取变得被动且困难。合作伙伴犹豫不决，优质资源难以获取，企业发展受制于有限的资源条件，竞争劣势日益明显。

增长：能吸引更多潜在客户

市场热度是吸引客户的强大磁场。当产品形成"一推即爆"的市场现象，会迅速引发更广泛的客户关注和购买兴趣。口碑传播效应和从众心理会推动更多潜在客户主动了解和购买产品，带来销售业绩的几何级增长。这种增长不仅体现在短期销售数据上，更能为品牌积累长期价值。

若未能形成市场热度，企业将面临"业绩受挫"的严峻挑战。销售数据不达预期，市场份额难以提升，品牌影响力有限，获客成本居高不下。产品缺乏市场关注度，难以形成规模效应，甚至可能导致品类夭折，企业陷入增长困境。

案例

蜜雪冰城的"一推即爆"之道

蜜雪冰城作为中国新式茶饮领域的现象级品牌，生动展示了"一推即爆"为企业带来的显著价值。2007 年从河南郑州起步的蜜雪冰城，选择下沉市场作为切入点，凭借 2 元冰激凌和柠檬水等平价产品迅速引爆市场。

这种爆炸式增长为企业带来了多重优势。首先，市场的快速响应使团队信心倍增，加盟商踊跃申请，员工士气高涨；其次，"蜜雪冰城甜蜜蜜"广告歌在抖音累计播放量超 10 亿，社交媒体客户自发传播分享，为品牌带来大量免费流量，吸引了大量上下游资源主动靠拢；最重要的是，蜜雪冰城通过"县城包围城市"的扩张策略实现了惊人的增长速度，目前门店总数已突破 46000 家，2024 年全年营收超过 200 亿元。

蜜雪冰城的迅速崛起不是偶然，而是其精准把握市场需求、清晰的品牌定位和高效的扩张策略共同作用的结果。这一案例有力证明，"一推即爆"的营销效果能够同时带来信心提振、资源汇聚和快速增长三大核心价值，为企业发展注入强大动力。

"一推即爆"不是偶然的市场奇迹，而是企业深刻洞察市场需求、精准定位产品价值、系统规划营销策略的必然结果。在当今信息爆炸、注意力稀缺的时代，只有实现"一推即爆"的营销效果，企业才能避免士气低落、资源匮乏、业绩受挫的风险，在激烈的市场竞争中赢得先机。好的营销策略不仅能带来短期的销售增长，更能为企业的长期发展奠定坚实基础。

一推即爆的三大挑战

了解了实现"一推即爆"的重要价值，我们需要认识到，成功的爆发式营销并非易事。在实践中，企业往往会面临三大核心挑战，只有解决这些关键卡点，

才能真正实现"一推即爆"的营销效果。

从哪突破：确定最佳切入点

成功的爆发式营销首先需要精准确定最佳市场切入点。这意味着企业必须清晰定义目标客群，集中资源攻克特定细分市场，而非盲目追求全方位覆盖。

然而，许多企业在这一环节陷入了两大典型困境。

客群模糊：市场分析流于表面，对目标客户的需求、痛点和决策路径缺乏深刻理解。有些企业试图服务"所有人"，结果是没有一个群体被真正满足。例如，某些新兴饮品品牌既想吸引年轻人，又不愿放弃中年客户，产品定位摇摆不定，市场传播缺乏针对性，最终在激烈的竞争中无法形成突破。

资源分散：在产品线过于丰富或目标市场过于广泛的情况下，有限的营销资源被严重稀释。许多企业同时推出多款产品，每款产品都配置不足的营销预算，导致声量不足，无法形成市场影响力。特别是对于初创企业，资源分散几乎等同于主动放弃市场突破的机会，陷入"样样都做，样样不精"的困境。

如何引爆：激发传播扩散力

市场突破后，下一步关键是引爆传播，形成自发的裂变效应。成功的引爆需要创造具有强大话题性的内容，并设计有效的传播机制，促进客户自发分享。

在引爆环节，企业常见的失误包括：

话题平淡：营销内容缺乏足够的新奇性、争议性或情感共鸣点，无法激发客户的传播欲望。一些企业过于关注产品功能特性的宣传，忽视了情感连接和社交价值的塑造。当市场充斥着类似的产品信息时，缺乏鲜明话题性的内容很快就会被淹没在信息海洋中，无法引发关注和讨论。

传播碎片：营销传播缺乏系统性设计，各渠道信息不成体系，难以形成统一而强大的市场声量。有些企业在不同渠道投放不同内容，甚至传递不同的品牌主张，导致客户接收到的信息零散且混乱。这种碎片化传播不仅无法形成叠加效应，还可能造成品牌形象的混乱，削弱传播的整体效果。

如何裂变：推动规模化增长

一次性的爆发不足以支撑长期发展，企业需要将成功模式复制并规模化，实现持续增长。这需要建立标准化的流程和系统，同时兼顾不同市场的特殊需求。

裂变过程中的常见陷阱包括：

时机失准： 在市场扩张中对时机把握不准。有的企业竞争壁垒还没有完全构建就过早进入周边甚至全国市场进行扩张，导致新品类机会被巨头抢占；有的则错失最佳进入窗口，贻误战机。同时，忽视不同地区市场的文化、消费习惯和竞争环境差异，简单套用原有模式导致水土不服。这种未能根据市场实际情况调整的扩张策略往往导致新市场拓展效果不佳，甚至引发客户抵触，阻碍了规模化发展。

标准缺失： 缺乏明确的产品规范和服务流程标准，导致品质不稳定，客户体验参差不齐。一些企业在快速扩张中忽略了标准化建设，各地门店或产品线质量波动明显，破坏了品牌一致性。特别是在特许经营或加盟模式下，如果没有严格的标准和监督机制，品牌形象很容易被稀释或扭曲，失去初期成功的核心竞争力。

案例 1

小西牛老酸奶：开创者的遗憾

小西牛老酸奶源自青海传统工艺，2008 年 5 月推向青海市场，凭借"不含防腐剂、添加剂"的健康定位受到客户欢迎，一度引领了"老酸奶"这一新品类的发展。

然而，在市场迅速爆发后，小西牛却未能保持品类领导者地位。小西牛的案例揭示了一个品类开创者面临的典型困境：虽然成功实现了最初的市场突破和引爆，但在裂变环节遭遇了严重瓶颈。标准化体系的不足也限制了快速扩张的可能性，同时，在市场扩张节奏上存在时机失准问题，在没有建立竞争壁垒的情况下就盲目扩张。伊利、蒙牛等乳业巨头迅速跟进推出自己的老酸奶产品，凭借强大的产能和渠道优势抢占了市场份额，而小西牛错失了将初期成功转化为持续市场领导地位的机会。

案例 2

兰格格草原酸奶：稳健增长的典范

相比之下，兰格格草原酸奶走出了一条不同的道路。虽然其历史可追溯至1886 年，但长期仅深耕于内蒙古乌兰察布市。兰格格坚持"草原奶、草原菌、草原产、草原供"的策略，确立了"正宗草原酸奶"的品类定位。

在突破环节，兰格格明确锁定了追求健康、注重食品原产地的高端消费群体，避免了客群模糊的陷阱。同时，兰格格砍掉纯牛奶、乳酸菌饮料、常温酸奶，将资源集中在草原酸奶这一核心产品线上，确保了足够的市场投入强度。

在引爆环节，兰格格不仅将"草原酸奶"作为产品，更是将其上升为品类进行推广，创造了强大的话题价值。"正宗草原酸奶"的品牌主张通过一致的视觉形象和传播内容得到强化，避免了传播碎片化的问题。

在裂变环节，兰格格采取了稳健的扩张策略，克服了时机失准和标准缺失的挑战。经过30余年的发展，直至2015年才走出草原进入北京，随后在石家庄、上海、杭州、南京等城市有序布局。这种谨慎的扩张速度确保了产品标准的严格执行和一致性，避免了标准缺失的风险，同时也体现了对市场时机的精准把握。兰格格并未盲目追求速度，而是在充分了解目标市场，建立完善的供应链和质量控制体系后，才逐步进入新区域，确保每一步扩张都扎实有效。

这种战略定力带来了显著成效：2024年兰格格的销售额超8亿元，逆势增长40%以上，展现出强大的市场竞争力。兰格格的成功证明，即使不采取激进的全国扩张策略，专注做好产品、明确定位、稳步复制，把握好标准统一与扩张时机，也能实现持续的市场增长。

小西牛与兰格格的对比案例揭示了"一推即爆"背后的复杂挑战。成功的爆发式营销不仅需要精准定位的突破，还需要强大话题性的引爆，以及系统化的裂变能力。企业只有全面应对这三大挑战，才能将短期的市场爆发转化为长期的品牌优势，实现真正的"一推即爆"。

在实践中，企业应当清醒认识到自身所处的阶段和面临的核心挑战，有的放矢地制定营销策略。避免客群模糊和资源分散，创造有强大话题性的内容并保持传播一致性，建立完善的标准体系并尊重区域差异——只有这样，才能在激烈的市场竞争中实现真正的"一推即爆"，并将短期爆发转化为持续的品牌优势。

一推即爆的陷阱——广撒网

在探讨了"一推即爆"的重要性与核心挑战后，我们需要思考一个关键问题：为什么大多数企业无法实现这种理想的营销效果？答案往往在于企业常见的一种错误策略——"广撒网"。

"广撒网"是许多企业常犯的营销错误，具体表现在三个方面。

受众宽泛：目标客户泛化模糊

许多企业试图服务尽可能广泛的客户群体，害怕"错过"任何潜在客户。这种"广而不精"的定位导致产品或服务难以满足任何特定群体的核心需求，最终无法在任何细分市场建立竞争优势。企业往往忽略了一个基本事实：市场是由不同需求、不同消费习惯的细分人群构成的，没有任何产品能够同时满足所有人的需求。

渠道多元：渠道众多没有核心

面对丰富多样的营销渠道，许多企业陷入"全渠道覆盖"的陷阱，同时布局线上线下、传统媒体与新媒体等多种渠道。然而，有限的营销资源被分散到众多渠道后，每个渠道的投入强度都不足以产生实质性影响。这种"雨露均沾"式的资源分配往往导致在所有渠道都无法形成有效的声量，品牌信息被淹没在竞争对手的声浪中。

手段多样：营销手法杂乱无章

同样的问题也出现在营销手段的选择上。企业尝试价格促销、内容营销、事件营销等多种方式，希望其中某种能够奏效。然而，这种多线出击的策略不仅分散了资源，更导致品牌主张混乱，客户难以形成清晰的品牌认知。有效的营销需要围绕核心价值主张建立一致的传播体系，而非杂乱无章的营销活动拼凑。

 案例

瑞幸——资源分散的扩张困境

2018 年初创立的瑞幸咖啡采用了典型的"广撒网"策略。在受众定位上，瑞幸试图同时服务白领、学生和各类咖啡消费人群；在产品线上，从咖啡快速扩展至茶饮、轻食、零售包装商品等多个品类；在渠道布局上，一二三线城市同步大规模开店，线上线下同时发力。

瑞幸在营销手段上更是多线出击：大规模烧钱补贴、明星代言、大数据营销、社交媒体投放等手段齐上阵。在短短 18 个月内，瑞幸就在全国开设超过

2000 家门店，上线数十种产品，并快速登陆美国纳斯达克。

这种分散资源的扩张策略使品牌定位模糊，客户无法清晰感知瑞幸的核心价值，企业也难以在任何一个细分市场建立真正的竞争优势。

广撒网的严重后果

"广撒网"策略看似面面俱到，实则往往带来三方面的负面影响。

成本激增： "广撒网"策略不可避免地导致营销成本大幅上升。维护多种渠道、开发多种营销材料、服务多种客群都需要额外的人力和物力投入。然而，这些增加的成本往往难以带来相应的回报，导致营销投入产出比持续下降，形成恶性循环。

竞争失焦： 最为严重的是，"广撒网"使企业无法在任何一个领域建立竞争优势。当企业试图同时满足所有人的需求时，往往会发现自己在每个细分市场都面临更专注、更精准的竞争对手。这种全面但浅层的竞争态势使企业处于劣势，难以在任何领域形成市场领导地位。

效率低下： 有限的营销资源被分散到多个目标群体、多种渠道和多样手段，导致每一处的执行效率大幅降低。这种分散式投入使企业无法形成规模优势和专业深度，各项营销活动效果不佳。团队被迫同时应对多种任务，缺乏专注度和系统性，工作质量难以保证，最终导致整体营销效率低下，难以达成预期的业务目标。

一推即爆的真谛——聚焦突破

既然"广撒网"不是正确的路径，那么企业应该采取什么策略来实现"一推即爆"的营销效果？答案是"聚焦突破"，具体表现在三个方面。

锁定原点：瞄准核心场景人群

成功的营销需要精准定位特定的目标群体，明确核心价值主张，集中资源满足这一群体的关键需求。通过深入理解目标客群的痛点和偏好，企业能够提供更具针对性的产品和服务，建立强大的品牌关联。

饱和击穿：集中资源强势攻击

成功的品牌往往能够在一个领域实现突破后，再以此为基础向相关领域扩展。这种"由点及面"的拓展方式能够保持品牌核心价值的一致性，同时逐步扩大市场影响力，实现可持续的增长。

裂变放大：借势扩散复制势能

一旦确定了核心定位，企业需要围绕这一核心持续投入，不断强化和深化品牌主张。这种持续的聚焦使企业能够在特定领域建立深厚的专业知识和能力，形成难以模仿的竞争优势，同时在客户心智中建立清晰的品牌认知。

案例

瑞幸——聚焦重生的品牌突围

2020 年底重组后，瑞幸完全调整了战略方向，转向高度聚焦的"聚焦突破"模式。在客群定位上，明确聚焦对价格敏感、追求品质的年轻城市客户；在产品策略上，精简 SKU，将核心资源集中在咖啡主业上，重点打造爆款单品；在渠道上，优化门店结构，强化小店模式的运营效率。

在营销传播上，瑞幸集中火力构建"小蓝杯"品牌符号和"高品质平价咖啡"的核心价值主张。通过社交媒体和客户自发分享，瑞幸成功打造了生椰拿铁、椰云拿铁等现象级产品，实现了从品牌危机到市场领导者的华丽转身。

瑞幸咖啡的转型之旅生动展示了企业只有放弃"做所有人生意"的贪婪心态，聚焦核心客群和核心价值，才能在激烈的竞争中实现"一推即爆"的营销突破。

聚焦突破带来的好处

"聚焦突破"策略为企业带来三方面显著优势。

精准触达：聚焦特定客群和明确价值主张使企业能够更精准地触达目标客户。通过深入理解目标群体的需求和行为习惯，企业能够开发更具针对性的产品和服务，选择更合适的传播渠道和内容，提高营销的相关性和有效性，最终实现更高的转化率。

品牌凸显：通过聚焦单一核心价值主张，企业能够在客户心智中建立清晰、鲜明的品牌形象。这种明确的定位使品牌更容易被识别、记忆和传播，形成强大的品牌资产。在信息过载的当今社会，简单而鲜明的品牌主张比复杂多变的信息更容易穿透客户的注意力屏障。

效率提升：资源的集中使用大大提高了营销效率。企业不再为维护多种渠道、开发多种营销材料而分散精力，而是能够将有限资源投入到最具潜力的领域。这种高效率的资源配置能够产生更大的营销声量，形成规模效应，最终实现更高的投入产出比。

"一推即爆"的营销效果不是偶然，而是企业战略选择的必然结果。"广撒网"看似面面俱到，实则分散力量，难以形成有效突破；而"聚焦突破"通过资源聚焦，能够在特定领域建立强大的竞争优势，实现营销效果的几何级增长。

企业要想实现"一推即爆"，必须摒弃"想做所有人的生意"的贪婪心态，勇敢地做出选择和舍弃，将有限资源集中投入到能够最大化发挥效力的领域。只有这样，才能在激烈的市场竞争中脱颖而出，实现真正的"一推即爆"。

霸营销的方法论——聚焦突破，一推即爆

了解了"聚焦突破"的核心理念和显著优势，接下来我们将深入探讨如何将这一理念转化为可操作的方法论。实现"一推即爆"的营销效果并非空想，而是有着明确路径和系统方法的实践过程。

1.精准切入——找到原点打造样板

"聚焦突破"的第一步是精准切入，这要求企业在四个关键维度上进行战略性选择，找到最适合自身产品特性和市场环境的突破点。许多企业之所以难以实现"一推即爆"，往往是因为在市场、渠道、人群和场景上过于分散，导致资源稀释，难以形成有效突破。只有找准突破口，集中火力，才能实现营销效果的爆发。

原点市场

新品类或新品牌推出初期，选择合适的地理市场进行深耕至关重要。好的原点市场应当是企业的"根据地"——容易立足，同时便于未来发展，实现"雪球式铺开"。选择原点市场应考虑四个要素。

具有典型性

选择的原点市场应具有代表性，能够作为样板复制到其他区域。这种典型性体现在消费习惯、渠道结构、竞争格局等方面的共性，使得企业在原点市场积累的经验和方法能够在其他市场得到有效应用。典型性好的原点市场能够降低后续市场复制的难度，提高推广效率。

消费观念成熟

目标客户对产品或服务的认知度高，接受度强。在消费观念成熟的市场中，企业不需要花费大量资源进行概念普及和教育，能够直接针对产品差异化优势进行传播，缩短市场导入周期。消费观念成熟度的高低直接影响企业的推广成本和市场反应速度。

消费基础好

市场消费能力强，消费活跃度高，购买力充足。良好的消费基础能够保证产品在市场中获得足够的销售额和利润，为企业提供持续发展的动力。在消费基础好的市场中，企业更容易实现销售目标，获得正向的市场反馈，进而调整和优化产品策略。

有辐射效应

能够对周边地区产生影响力，形成市场辐射。具有辐射效应的原点市场通常是区域消费中心或意见领袖聚集地，其消费趋势和品牌偏好能够带动周边地区，形成扩散效应。通过辐射效应，企业可以以点带面，逐步扩大市场影响力，实现市场的滚雪球式增长。

许多成功品牌都是从特定地域起步，逐步扩展全国市场的。

娃哈哈最初集中资源在浙江市场，尤其是杭州及周边地区，通过深耕本地渠道和建立牢固的分销网络，确立了强大的区域根据地。凭借宗庆后对饮料市场的敏锐洞察，娃哈哈的 AD 钙奶、营养快线等产品迅速在浙江站稳脚跟，再利用浙江市场的成功经验向全国扩张，最终成为中国饮料巨头。

六个核桃从河北市场起步，创始人魏红星深知区域聚焦的重要性，将初期资源全部投入到河北市场，特别关注学生群体和用脑人群。通过高频次、高密度的广告投放和渠道渗透，六个核桃在河北迅速形成了品牌认知度，为后续全国扩张奠定了坚实基础。

王老吉优先发展广东南部、浙江南部等消费观念成熟、消费能力强的区域市场。这些地区饮食口味偏重，"上火"问题较为普遍，且对凉茶文化的接受度较高，是凉茶品类的理想原点市场。王老吉通过在这些区域建立品牌影响力，成功将"怕上火，喝王老吉"的品牌定位深入人心，再由点及面向全国扩张。

这些品牌的共同特点是：先立足一个地域市场，深耕细作，建立稳固的品牌根基，然后再按照相似性原则向周边地区扩张，形成滚雪球式的市场扩张路径。它们并没有一开始就盲目追求全国覆盖，从而避免了资源分散，难以在任何地区形成显著影响力的问题。

原点渠道

在新品类产品的市场导入期，企业往往面临资源有限、品牌知名度低的挑战。此时，不宜采用广铺渠道的策略，而应集中资源，聚焦能够获得更多支持和曝光的核心渠道。原点渠道是指最能体现产品价值、最容易获得目标客户认可的销售渠道。精准的渠道选择能够提高产品的曝光率和转化效率，同时优化营销资源配置，降低市场导入成本。

广铺渠道不仅会分散企业有限的资源，还会导致产品在任何渠道都无法获得足够的关注和陈列位置，最终沦为"货架蚁族"。选择原点渠道应考虑以下三个要点。

匹配定位

选择与产品定位和目标客户高度契合的渠道，使产品能在最合适的场景被最合适的人群接触到。

王老吉深刻理解"怕上火"的定位与辛辣食物的关联性，战略性地聚焦火锅店、烧烤店、川湘菜馆等餐饮渠道。在这些场所，客户更容易产生"上火"问题，对凉茶的需求也更为迫切。通过在辛辣食品的消费场景中建立强势存在，王老吉将自身定位为解决"上火"问题的首选解决方案，从而大大提高了品牌关联度和购买转化率。

六个核桃重点布局校园渠道和办公区域，这与其"经常用脑多喝六个核桃"的定位高度吻合。六个核桃在学校周边小卖部、书店、考点附近设立专柜，增加了与学生群体的接触点；同时通过与写字楼办公区的便利店合作，针对白领人群进行推广。这种精准的渠道匹配使六个核桃能够以较低的营销成本获得较高的品牌曝光和销售转化。

拔高势能

优先选择能提升品牌形象的高端渠道，借助渠道自身的品质感和专业性为品牌背书，从而提高客户认可度。

太二、西贝、费大厨等餐饮品牌在初创期都选择了优先在购物中心开设门店，而非传统的街边店。这一策略虽然带来更高的租金成本，但购物中心的高端环境和稳定客流为这些品牌提供了优质的展示窗口，帮助其快速建立了"高品质、专业化"的品牌形象，成功与传统餐饮区隔开来，确立了差异化竞争优势。

倍轻松选择机场专卖店和高端购物中心作为关键渠道，将产品与高端商务人士和品质生活客户关联起来。这种渠道选择不仅使倍轻松的按摩产品能接触到高端消费群体，还通过渠道自身的高端形象为产品提供了隐性背书，帮助品牌建立了专业、高端的市场定位，避免了与低端按摩器材的直接竞争。

精准对应

选择与产品使用场景高度吻合的专业渠道，使产品能在客户最需要的时刻和地点出现。

lululemon将瑜伽馆作为核心渠道，不仅在瑜伽馆内设立零售点，还积极赞助瑜伽活动和课程，与瑜伽教练建立密切合作关系。这种策略使 lululemon 能够在客户最关注运动体验的场景中展示产品价值，教练的专业推荐也大大提高了品牌可信度和销售转化率。

Under Armour重点拓展健身房渠道，在健身场所设立品牌专区，与健身教练合作推广。这种渠道策略使产品能够在客户最关注运动性能的环境中得到展示和体验，大大提高了品牌专业度的认知和购买意愿。

通过对原点渠道的精准选择，企业能够把有限的营销资源集中投入到最具潜力的渠道中，获得更优质的展示位置、更专业的销售推荐和更精准的客户触达，从而提高营销效率，加速市场突破。

原点人群

精准切入的另一关键维度是选择合适的目标人群。市场是由不同需求、不同消费习惯的群体构成的，企业不可能同时满足所有人的需求。聚焦特定人群不仅能提高营销效率，还能使产品设计和传播更有针对性，提高市场响应度。

基于市场实践和消费者行为研究，我们总结出四类具有战略价值的原点人群类型。企业可以从以下四类人群中选择自己的"原点人群"。

高势能人群

高收入、高地位、高专业度的人群，具有示范效应和影响力。这类人群的消费选择往往会影响更广泛的消费群体，成为品牌传播的自然放大器。

苹果在 iPhone 初期阶段重点针对科技爱好者和设计专业人士，这些群体对产品的认可迅速转化为广泛的行业影响力和媒体关注，为 iPhone 的大众市场推广奠定了基础。

大疆无人机最初瞄准专业摄影师和航拍爱好者，这些专业客户的认可不仅直接带来了销售，更重要的是提供了高质量的示范内容和专业背书，吸引了大量普通客户的关注和购买。

特性匹配人群

产品特性与特定人群需求高度匹配，例如婴儿、孕妇、老人等具有特殊需求的群体。这类人群往往有明确的痛点需求，对解决方案的忠诚度，价格敏感度相对较低。

爱他美奶粉专注于过敏体质婴儿这一细分群体，开发了特殊配方以满足其需求。这种高度针对性的产品策略使爱他美在竞争激烈的奶粉市场中找到了突破口，建立了专业、关爱的品牌形象。

泰兰尼斯稳稳鞋聚焦学步期儿童及其父母，针对儿童学步期足部发育和安全需求开发产品。通过深入理解这一特定人群的核心痛点，泰兰尼斯成功将自身定位为"机能学步、科学护足"的专业品牌，获得了家长群体的高度认可。

消费能力匹配人群

与产品价格定位相符的客户群体，避免目标客户与产品价格之间的错位。

元气森林精准定位年轻白领和学生群体，推出价格适中的无糖气泡水，满足这一人群追求健康但又注重体验的需求。元气森林的定价策略既高于普通饮料以体现品质感，又不至于过高导致目标群体难以接受，实现了产品价值与目标人群消费能力的完美匹配。

星巴克在中国市场成功地将自身定位为都市白领的生活方式品牌，其产品定价虽高于传统咖啡店，但恰好符合这一群体追求品质和社交体验的消费心理。星巴克不仅提供咖啡，更提供一种身份认同和生活态度，使客户愿意为这种体验支付溢价。

最容易切入的人群

最容易影响到和接触到的特定群体，这些群体往往具有集中的信息获取渠道和社交网络，便于品牌传播。

东鹏特饮精准锁定汽车司机这一特定人群，通过"累了困了，喝东鹏特饮"的定位直击其长时间驾驶疲劳的痛点。东鹏特饮在高速公路服务区、加油站等司机必经场所重点布局，并通过卡车司机群体的口碑传播迅速扩大影响力，成功占领了功能饮料市场的一席之地。

花西子通过小红书平台精准触达年轻女性美妆爱好者，这一人群高度活跃于社交媒体，乐于分享产品体验，传播效率高。花西子通过与这一群体的深度互动，迅速建立了品牌知名度和美誉度，成为国货美妆的代表品牌。

通过聚焦特定人群，企业可以更精准地满足其核心需求，设计更有针对性的产品和传播策略，形成口碑传播，建立品牌忠诚度，最终以点带面，扩大影响力。

原点场景

在消费决策日益复杂、消费场景日益多元的今天，消费场景是精准切入的第四个维度。原点场景是指产品最容易被接受和使用的消费情境，它能让客户在特定情境下产生强烈的产品需求认知，形成场景与产品的紧密关联。在新品类产品推出初期，聚焦一个原点场景尤为重要，它可以帮助企业集中资源，形成场景壁垒，建立独特的品牌联想。

原点场景的选择需要考虑场景的普遍性、消费频次、竞争格局等多种因素，找到与产品特性最契合、最能体现产品价值的使用情境。成功的场景营销能够降低客户的认知门槛，提高购买转化率，增强品牌记忆点。

虎邦辣酱敏锐地捕捉到随着外卖行业的爆发，"点外卖缺调料"这一痛点日益凸显。虎邦将产品定位为外卖场景下的即食调味品，采用小包装、即撕即用的设计，完美匹配外卖用餐场景。通过与主要外卖平台合作，在客户最需要的时刻提供解决方案，虎邦迅速建立了品类认知和品牌优势。

RIO 鸡尾酒敏锐地发现了年轻人独处时的饮酒需求，以"一个人的小酒"为核心定位，聚焦独居场景。从产品设计上，RIO 选择低度数、易入口、小罐装的包装形式；从传播上，塑造了轻松、惬意的独处氛围。这种场景聚焦使 RIO 成功开创了预调鸡尾酒这一新品类，吸引了大量传统白酒和啤酒无法满足的客户。

三顿半聚焦办公室这一消费场景，推出冷萃咖啡产品，成功化解职场人士在办公环境中难以获取高品质咖啡的难题。借助 LABS 技术，咖啡粉实现全温速溶，极大简化冲煮流程，契合办公节奏。三顿半主张"随时随地三顿半"，产品设计紧扣办公需求，例如冷萃即溶咖啡方便在工位快速制作。包装在具备辨识度的同时，小巧不占地，迅速收获白领群体的青睐。

薯愿薯片锁定了电影观影场景，与传统薯片不同，薯愿采用了厚切工艺和独特的筒装包装，使产品更适合在黑暗的影院环境中食用，且噪音更小。这种针对特定场景的产品创新使薯愿在竞争激烈的零食市场中找到了差异化定位，迅速成为影院零食的首选品牌。

场景聚焦的价值在于，它使产品能够与特定的使用情境紧密关联。当客户处于该场景时，会自然而然地想到并选择该品牌，从而形成稳定的消费习惯。同时，清晰的场景定位也使产品设计和传播更有针对性，能够更精准地解决客户在特定场景下的痛点需求。

企业需要认识到，市场突破不是同时发生在所有领域，而是从点到面的过程。只有先在特定维度取得成功，才能逐步扩大影响力，最终实现全面的市场覆盖。实现"一推即爆"的营销效果并非偶然，而是企业在市场、渠道、人群和场景四个维度上做出精准战略选择的必然结果。只有找准突破点，集中火力，才能在激烈的市场竞争中引爆品牌声量，实现爆发式增长。

2.精准引爆——公关数字快速裂变

"聚焦突破"的第二步是精准引爆。这要求企业在实现精准切入后，采取有效的传播策略，将营销资源集中于最具爆发潜力的传播渠道。许多企业的营销传播难以产生规模效应，往往是因为资源过于分散，无法形成有效的传播势能。只有集中传播火力，才能实现营销效果的最大化。

精准引爆并非简单地增加营销预算，而是通过科学的策略选择，实现资源的最优配置。在当今信息过载的时代，客户每天接触数百甚至上千条商业信息，只有那些传播策略精准、信息价值突出的品牌，才能真正获得关注和记忆。

公关造势

在品牌发展的起步阶段，公关比广告更重要，因为客户对新品牌和新品类往往缺乏安全感，需要通过第三方的客观评价来建立信任。公关造势是精准引爆的重要工具，它能够以较低的成本获得较高的传播效果和品牌信任度。

公关与广告的本质区别

公关与广告虽然都是品牌传播的工具，但二者存在本质区别。

传播方式不同：公关通过媒体、意见领袖等第三方发声，广告则直接由企业自己发声。

受众范围不同：公关到达某些关键人群，广告则力求覆盖每个人。公关更精准，广告更广泛。

主导权不同：公关是他人主导的，广告是企业自导的。公关依靠第三方传播，广告由企业控制。

成本结构不同：公关相对便宜，广告通常昂贵。公关注重创意和关系，广告依赖媒体投放。

适用阶段不同：公关偏爱新品牌，广告偏爱老品牌。公关适合品牌建立阶段，广告适合品牌维护阶段。

表现形式不同：公关是严肃的，广告可以是滑稽的。公关强调事实和逻辑，广告可以感性和创意。

可信度不同：公关更可信，广告较难取信。公关借助第三方权威，广告则被视为商业宣传。

功能定位不同：公关建立品牌，广告维护品牌。公关塑造认知，广告强化记忆。

这些区别决定了在不同发展阶段，企业应该选择不同的传播工具。对于新品牌来说，公关相比广告有着独特的优势：它通过第三方媒体或意见领袖传播，具有更高的可信度；它能够规避一些广告法的限制；它通常成本更低但效果更持久。研究表明，客户对媒体报道的信任度比直接广告高出 3~4 倍。

有效公关公式

以下是四种经过市场验证的有效公关方式。

制造话题

内容化、故事化

内容化和故事化是将产品信息转化为客户愿意主动分享的故事和内容，通过情感共鸣和价值认同提升传播力。研究表明，故事化的信息比纯事实陈述能提高约 22 倍的记忆度。

酣客酱酒通过器型设计融入传统文化元素，将产品与文化传承联系起来，使产品本身成为可讨论的话题。

江小白采用"青春小酒"定位，在包装上印制富有共鸣的青春金句，将产品与年轻人的情感体验相连，成功从白酒市场中脱颖而出。

费大厨推出"1 号客户免费吃辣椒炒肉"活动，通过精心设计的服务流程创造话题，引发媒体关注。

老乡鸡策划了"200 元战略发布会"和"家有喜事宴请全城"等反常规营销活动，将品牌价值主张转化为公众话题。

攻击老品类

这种策略通过挑战行业既有认知，指出传统产品的缺陷或局限，从而为自身创新提供差异化空间。这一策略基于心理学中的"对比效应"，通过强烈对比使新品类优势更加突出。

凉白开推出"更适合中国人体质的健康好水"的概念，提出"熟水攻击生水"的观点，以中医理论为基础挑战传统饮用水观念，成功开辟了熟水饮品这一新品类。

久盛地板以"纯实木地暖地板"为核心主张，直接针对市场上含甲醛地板的健康隐患进行差异化传播，通过对比突显自身产品在健康安全方面的绝对优势。

农夫山泉多年来系统性地开展了"纯净水 vs 天然水""矿物质水 vs 弱碱性水"的教育性传播，以及与怡宝的"水之战"等市场活动，构建了清晰的品类认知差异。

借助品类、定位

这一策略利用市场中的热点事件或竞品危机，敏锐地捕捉机会窗口，快速建立有利于自身的品类认知或差异化定位。这种方法特别适合资源有限但反应速度快的企业。

千禾酱油在 2022 年海天酱油添加剂争议事件后，迅速强化了自身"零添加酱油"的产品定位，推出了明确标注"不添加味精、色素、防腐剂"的产品宣传，抓住客户对食品添加剂的关注，将市场热点转化为自身品牌价值的传播契机。

善用创始人

创始人代表着品牌的起源、理念和价值观，是品牌最具说服力和差异化的代言人。创始人的声音比普通广告代言人高出约 30% 的可信度。创始人个人故事和专业背景往往能成为品牌最有力的无形资产。

西贝餐饮创始人贾国龙通过参与各类行业论坛，以及在危机中的公开表态，塑造了专业、真诚的品牌形象，使西贝在餐饮行业形成了独特的价值主张和情感连接。

褚橙创始人褚时健的"传奇人生"故事成为产品最强有力的品质背书。褚时健从烟草大王到 73 岁创业种橙的经历，赋予了褚橙"专注、坚持、精益求精"的品牌内核，使其在高度同质化的水果市场中建立了无可替代的品牌价值。

重视奖项

权威奖项作为第三方专业机构的认可，能够为品牌提供客观公正的品质背书。奖项认证已成为快速建立品牌信誉的有效途径。

轩妈蛋黄酥通过宣传"连续 2 年荣获世界食品品质大奖"，为产品提供了专业权威的质量认证，在激烈的休闲食品市场中建立了品质差异化。

德盾安全门通过"福布斯踹门大赛"的认证，直观地展示了产品的安全性能，将抽象的"安全"概念转化为客户可感知的具体价值，建立了专业防盗门品牌的市场定位。

品牌借力

品牌借力是通过联名、跨界、融合等方式，将自身品牌与其他领域的强势品牌或文化符号关联，实现资源互补和影响力叠加。这种策略能以相对低成本获得更广泛的受众覆盖和更丰富的品牌联想。

瑞幸咖啡在 2023 年推出"酱香拿铁"，巧妙地将咖啡与中国白酒文化融合。

上市首日，酱香拿铁销量突破 542 万杯，销售额超 1 亿元；全年售出 4583 万杯，单品销售额突破 9 亿元，掀起全民尝鲜热潮，堪称品牌跨界经典。

德芙巧克力与故宫文创合作推出"年年得福"新春限定礼盒，将传统文化元素与现代巧克力产品结合，提升了品牌文化属性，同时强化了节庆送礼场景下的品牌联想。

霸王茶姬茶饮品牌的杯套设计与奢侈品牌迪奥（Dior）的经典元素相似，引发客户对比讨论，在社交媒体上获得大量自发传播，以创意设计获得品牌曝光。

广告强化

在品牌建立初期，公关是主导；而当品牌进入成长和成熟期，广告成为品牌传播的重要工具。其真正的作用是在公关建立品牌之后用来维护品牌。科学的广告策略能够有效强化品牌认知，刺激消费行为，提升品牌价值。有效的广告强化策略应包括以下四个方面。

匹配客户需求

成功的广告必须精准匹配目标客户的需求和痛点，通过具体场景的展示，让客户产生共鸣和认同。广告内容应该围绕客户的实际问题和需求，提供清晰的解决方案，使客户能够在广告中看到自己的影子。

刺激客户消费

广告投放需要达到足够的频次和持续性，才能形成有效的记忆和购买刺激。零散的广告投放难以形成有效的品牌记忆和消费习惯，只有持续、稳定的广告曝光才能积累品牌势能，形成消费惯性。广告的重复性和持续性能够增强客户的品牌熟悉度和信任感，降低购买阻力。例如，可口可乐几十年如一日的广告投放，使其成为全球最具识别度的饮料品牌。

塑造品牌形象

广告代言人是品牌形象的重要载体，其个人特质和社会影响力直接关联到品牌的调性和认知。选择代言人需要考虑其形象与品牌定位的匹配度、社会影响力、话题性以及潜在风险等因素。一个合适的代言人不仅能够提升品牌知名度，还能有效传递品牌价值和个性。例如，李宁品牌选择中国运动员作为代言人，强化了其民族品牌和专业运动的形象。

释放所需信号

广告除了传递产品信息外，还能向市场传达企业"有钱"和产品"好卖"的信号，增强渠道和客户的信心。持续而专业的广告投放本身就是一种市场信号，它向客户和渠道商传递"这是一个有实力、被市场认可的品牌"的潜在信息。这种信号对于渠道合作尤为重要，能够增强渠道商的信心和支持力度。例如，新品牌在央视投放广告，往往能够迅速获得渠道的认可和支持。

广告与公关的选择时机

公关与广告各有优势，在品牌发展的不同阶段发挥不同作用。公关在建立品牌信任度方面比广告高出约 4 倍，而广告在保持品牌记忆和刺激短期购买行为方面更为有效。不同的市场阶段和品牌发展阶段，需要选择不同的传播工具。

客户对（品类 + 品牌）不熟悉时，主要用公关：当客户对品牌和品类缺乏认知时，他们对品牌缺乏安全感，需要通过第三方（媒体、专家、行业权威等）的客观评价来建立初步信任。公关内容的可信度比同等内容的广告高出 2.5~3 倍，特别是在建立初始信任时效果显著。因此，新品牌应优先投入公关资源，通过第三方渠道建立基础认知和信任。

客户对（品类 + 品牌）熟悉时，主要用广告：当客户对品牌和品类已有一定认知，建立了基本信任后，广告就成为了加强记忆、促进转化的主要工具。此时客户对品牌有了安全感，更容易接受品牌的直接信息。广告的重复性、一致性和直接性能够高效地将品牌保持在客户的考虑集中，并在购买决策时刻提供及时提醒。

特殊内容的传播选择：《广告法》不允许宣传的内容（如极限词、功效宣传、对比内容等），只能通过公关的方式传播。公关活动中的第三方表达不受广告法的直接限制，能够更灵活地传递某些关键信息。这一特点使公关在某些行业（如医疗健康、食品保健品等）具有独特的传播优势，能够在法律框架内最大化传递品牌信息。

通过科学的公关与广告组合，企业能够在不同发展阶段最大化传播效果，实现品牌的持续增长。

数字营销

在移动互联网时代，数字营销已成为品牌引爆的关键途径。尤其是短视频和直播这两种内容形式，凭借其直观、互动和高传播性的特点，成为当下最具爆发力的营销工具。企业可以借助 AI 等技术手段，更加高效地推进短视频和直播营销，实现线上声量的迅速提升。

短视频营销

短视频已成为当下客户获取信息的主要渠道，其简短、直观、高密度的特点非常适合碎片化阅读习惯，是品牌引爆的重要工具。以下是短视频营销的四大核心策略。

爆款内容打造

聚焦市场热点、消费痛点或产品亮点，创作具有话题性和传播性的爆款内容是短视频营销的核心。根据抖音商业化研究，爆款内容通常具备三个特征：前 3 秒高吸引、中间有情绪波动、结尾有明确引导。

平台特性匹配

各大短视频平台的客户群体、内容偏好和算法特性各不相同，品牌需针对不同平台特性定制差异化内容策略。研究表明，与平台特性高度匹配的内容，其传播效率平均高出 40%~60%。

抖音：主打年轻客户群体，偏好节奏感强、娱乐性高的内容，平均观看时长约 25 秒，内容需在前 5 秒抓住客户注意力。适合快节奏、高能量、趣味性强的品牌内容。

小红书：女性客户占比超 70%，偏好干货分享和真实测评，客户内容信任度高，详细的使用体验和实操性内容更易获得传播。

B 站：客户年龄结构相对年轻，内容消费更加专注和深度，平均观看时长超过 30 分钟，适合专业度高、文化内涵丰富的长内容。

矩阵账号运营

多层次账号矩阵能有效提升品牌声量和可信度，形成"官方背书 + 创始人魅力 + 专业解读 + 真实体验"的立体传播网络。

小米官方账号：粉丝量 1600 万 +，主要传递品牌核心信息和产品新品发布，代表品牌官方声音。

雷军个人账号：粉丝量 4400 万 +，通过创始人个人视角分享产品背后的故事和理念，增强品牌人格魅力。

产品经理账号：以专业人员身份提供产品深度解读和使用技巧分享，提升品牌专业度认知。

互动机制设计

互动机制是提高客户参与度和内容传播广度的关键。有效的互动机制包括话题挑战、问答互动、客户创作征集等，鼓励客户从被动观看转为主动参与。例如，"开盲盒啦"等互动挑战活动通过设置简单有趣的参与门槛，成功吸引了大量客户参与，扩大了品牌内容的覆盖面和影响力。最成功的互动机制往往具备三个特点：参与门槛低、互动感强、分享价值高。

直播营销

直播凭借其实时性、互动性和沉浸感，已成为品牌引爆和销售转化的强大工具。通过直播，品牌可以直接与客户对话，展示产品细节，解答疑问，建立信任关系，实现高效转化。直播电商已成为数字化时代的关键销售渠道。直播不仅是销售渠道，更是品牌建设和客户运营的重要阵地。

整合短视频和直播营销

用线下思维理解直播与短视频对生意的效率提升

直播电商本质上是传统零售的数字化升级，通过技术手段重构了从获客到复购的全链路。理解这一对应关系，有助于企业更有效地规划直播战略。

以下是线下零售与抖音电商的环节对应关系。

环节	线下门店	抖音电商	效率提升点
找到客户	门店选址装修	直播间 / 短视频 / 广告	覆盖范围扩大，精准定向能力提升
影响客户	促销员	主播 / 达人	专业表达能力强，影响力更大
活动促销	优惠券 / 赠品	秒杀活动 / 优惠套餐	限时性更强，决策转化更快
连锁矩阵	零售门店	官 V / 经销商 / 达人	扩张成本低，覆盖更广
老客复购	会员卡	关注 / 粉丝团 / 店铺 / 直播间	触达更便捷，互动性更强

短视频与直播配合逻辑

高效的数字营销策略需形成"传—化—发"的三步逻辑闭环，完整应用这三步策略的品牌比单一使用某一环节的品牌平均获得高 2.6 倍的 ROI。

视频传单：短视频作为信息入口，吸引潜在客户，建立初步认知和兴趣。根据抖音商业化数据，优质短视频内容平均能为直播间引流 13%~17% 的新客户。

直播转化：直播环节通过实时互动、详细讲解和即时反馈，将客户兴趣转化为购买行为。数据显示，相比普通电商页面，直播带货的转化率平均高出3~5倍。

变现增长：通过会员体系、社群运营等方式，将一次性购买转化为持续复购，提升客户终身价值。研究表明，成功纳入私域运营的客户比普通客户的年复购频次高出2.8倍。

短视频+直播运营的8个步骤

高效的短视频与直播运营体系需要系统性建设以下八个环节。

前四步：基础搭建

（1）**定目标：**明确"如何变现"和"找什么客户"两个核心问题，设定清晰的业务目标和受众定位。

（2）**开账号：**基于业务特点选择个人号、企业号或本地生活号，不同类型账号适合不同经营模式。例如，B2B业务适合企业号，而本地服务适合本地生活号。

（3）**做装修：**专业设计账号的背景、昵称、头像、简介和商品卡，建立一致且专业的品牌形象。

（4）**搭链接：**根据产品特性和平台规则，合理设置商品卡、小黄车、小风车、小雪花等购物入口，降低客户从兴趣到购买的路径摩擦。

后四步：内容与转化

（5）**拍视频：**遵循"研究爆款—编写脚本—精心拍摄—专业剪辑—策略发布"的内容生产流程，提升播放量和互动量。

（6）**开直播：**科学规划直播场景、货品结构和主播角色。成功的直播间通常具备三个要素：场景真实感强、产品结构合理、主播专业度高。

（7）**做放大：**采用"账号矩阵+付费投放"双轮驱动策略，实现内容分发的规模效应。付费推广工具包括DOU+、巨量千川、小店随心推和巨量本地推等，适合不同阶段和目标的营销需求。

（8）**引私域：**通过短信、包裹卡片、私信、联系电话和粉丝群等多种方式，将平台流量转化为品牌私域资产，建立长期稳定的客户关系。

精准引爆的本质

精准引爆不仅是技术和战术层面的营销操作，更是企业资源配置的战略决策。在注意力稀缺的市场环境中，只有集中火力，才能形成有效突破。精准引爆的要点是根据企业所处的发展阶段和市场特性，选择最适合的传播策略组合。

- 初创品牌和新品类适合以公关为主，广告为辅，通过第三方背书建立初始信任；
- 成熟品牌适合以广告为主，公关为辅，通过持续一致的信息强化保持市场份额；
- 数字原生品牌适合以短视频和直播为核心，构建"内容—社交—转化"的闭环体系；
- 传统企业数字化转型则需要线上线下融合策略，将既有的品牌资产与新型数字渠道有机结合。

无论采用何种传播组合，精准引爆的核心始终是资源集中、信息一致、传播有序、转化清晰。只有做到"四位一体"，才能最大化营销投入的回报，实现"一推即爆"的市场效果。

在实施精准引爆策略时，企业还需建立科学的效果评估体系，通过数据分析持续优化传播策略，形成"策略—执行—评估—调整"的闭环管理机制，实现营销效能的螺旋式提升。通过精准引爆，即使是资源有限的企业，也能在激烈的市场竞争中迅速占据客户心智，建立差异化品牌资产。

3.精准复制——复刻样板规模扩张

"聚焦突破"的第三步是精准复制，即在成功建立样板市场并实现品牌影响力后，按照科学的扩张路径，将成功经验复制到更广阔的市场。企业常犯的错误是过早、过快地追求全国扩张，导致资源分散，无法在任何一个市场形成深度影响。精准复制强调有序扩张、分阶段聚焦，确保每个新进入的市场都能取得实质性突破。

精准复制的核心理念是"小步快跑"——每次只迈出合理的一步，在一个区域站稳脚跟后再向下一个区域扩张，这样才能保证资源聚焦和执行深度。

先样板再扩张

样板市场是指企业首先深度扎根的市场，精准复制的第一步是在原点市场打造成功的样板，为后续扩张提供经验和借鉴。样板市场是复制的源头，其成功模式将决定后续扩张的效率和成效。

样板市场的建设要点有以下三个方面。

标准化体系的建立

成功的复制需要一套标准化的体系作为支撑，包括产品标准、渠道标准、营销标准和运营标准等。这套标准化体系能够确保在不同市场的复制过程中保持一致的品质和体验。

核心竞争力的提炼

样板市场的成功不是偶然的，而是企业核心竞争力的体现。在复制前，企业需要深入分析样板市场成功的关键因素，提炼出可复制的核心竞争力。

复制模板的系统设计

基于样板市场的成功经验，企业需要设计系统的复制模板，包括市场选择标准、团队组建方法、资源配置模式、营销推广策略等。这套模板应该足够详细和操作性强，能够指导不同地区的团队有效实施。

以今麦郎凉白开为例，企业选择河北作为样板市场，主要基于三个因素：一是今麦郎在河北拥有成熟的方便面渠道网络，可以快速导入新品；二是河北客户对今麦郎品牌有较高的认知度和信任度；三是河北市场竞争相对温和，适合新品类的培育和成长。通过在样板市场的深耕，今麦郎凉白开建立了完整的营销体系和渠道网络，为后续在更广阔市场的复制奠定了基础。

样板市场的选择需要综合考虑企业自身资源、品牌基础、竞争环境和市场潜力等因素。一个理想的样板市场应当同时具备易于立足和便于扩张的特性，使企业能够在此迅速建立成功案例，同时为后续扩张积累经验和资源。

先周边再远端

市场扩张应遵循由近及远的渐进式战略，先向地理位置、消费习惯、文化背景相近的区域扩张，降低扩张风险，提高成功率。周边扩张相比远距离扩张具有三大优势。

物流半径的经济性

周边市场与原点市场地理位置相近，物流运输成本低，供应链反应速度快，能够保证产品的新鲜度和及时供应。

管理半径的高效性

周边市场便于总部管理和指导，可以快速复制原点市场的成功经验，及时纠正问题。管理团队可以频繁往返于总部和新市场之间，确保复制过程的标准化和高质量。

文化消费习惯的相似性

周边地区的消费习惯、文化背景和消费水平通常较为接近，减少了市场适应的难度。企业可以沿用原点市场的营销策略和产品定位，只需做微调，就能获得客户认可。

今麦郎凉白开在河北市场取得成功后，企业优先选择北京、天津地区作为扩张目标。这不仅因为北京、天津与河北地理位置相邻，物流配送方便，管理半径合理，更重要的是这些区域的客户具有相似的生活习惯和饮水偏好，使产品的市场接受度更高。这种渐进式的区域扩张策略使企业能够在保持运营效率的同时，逐步扩大市场影响力。

先经济圈再全国

在完成周边市场的复制后，企业应采取"先经济圈再全国"的策略，通过重点经济区域的集中突破，实现资源聚焦和规模效应，为全国扩张奠定基础。这一策略的核心是识别和优先开发具有示范效应和辐射作用的经济发达区域。

经济圈优先战略的三大价值如下。

资源聚焦效应

集中资源进入同一经济圈的多个城市，形成区域品牌势能，实现 1+1>2 的协同效应。

规模经济优势

在同一经济圈内多点布局，能够共享供应链资源、营销资源和人才资源，降低单店运营成本。

市场示范作用

在重点经济圈的成功可以作为品牌进入全国市场的有力背书，增强渠道商和客户信心。

今麦郎凉白开在 2020 年借助"熟水全国销量领先"的市场地位，开始在全国范围内有计划地扩张。企业首先锁定了京津冀、长三角、珠三角等经济发达区域作为重点开拓市场，通过在这些区域的集中投入，快速建立品牌影响力。同时，今麦郎凉白开还获得了"熟水品类开创者"的行业认可，进一步强化了其在全国市场的品类领导地位。这种经济圈优先的扩张策略使企业能够在有限资源条件下实现市场影响力的最大化，为全面的全国扩张奠定坚实基础。

精准复制的成功要素

精准复制是一种系统性工程，需要企业在以下几个关键方面建立标准化体系。

产品标准化：确保核心产品在全国各地保持一致的品质和口感，是复制成功的基础。这包括原材料采购标准、加工工艺标准和品控流程标准。

管理标准化：建立统一的管理体系，包括人员培训、运营流程、服务标准和绩效评估，确保不同区域的门店维持一致的运营质量。

品牌标准化：在保持品牌核心视觉系统一致的同时，允许对不同区域市场进行适度的本地化调整，实现"标准化中的柔性化"。

营销策略标准化：建立可复制的营销模型，包括公关造势、传播策略和推广活动，使每个新市场的品牌导入更加高效和可预测。

实战案例：铁锅"炒"出来的餐饮传奇

2017 年，同新餐饮入驻长沙市场，面临的是激烈的餐饮竞争和严重的同质化问题。在这个湘菜品类已经高度饱和的市场环境中，如何脱颖而出，成为企业必须面对的首要挑战。

经过深入的市场调研和品类分析，企业意识到必须打破常规思维，寻找独特的市场切入点。

同新餐饮大胆决定进行品牌重塑，改名为"费大厨"，并从众多湘菜单品中选择辣椒炒肉作为核心主打品类，开创"辣椒炒肉餐饮连锁"这一全新品类。企业采用"专业大厨炒"的核心定位，将传统家常菜提升为专业餐饮体验，实现了产品形态和品牌认知的双重升级。

费大厨选择长沙作为战略起点，这一选择基于对市场环境的深入分析。作为湘菜发源地，长沙客户对辣椒炒肉有天然的情感连接，但市场上尚未有专注于此单品的餐饮品牌。费大厨在开设门店时，优先选择五一广场等高端商圈，并针对25~35岁年轻白领和旅游人群设计产品与服务体验，成功实现了在激烈竞争中的差异化定位。

在品牌传播方面，费大厨采取了多维度的系统性策略。一方面，通过争取"大众点评必吃榜第一名"和"全国小炒肉大王"等权威认证，获得专业背书；另一方面，通过精心策划的营销活动，如全城免费品尝和"一号客户终身免费"特权，激发客户兴趣和媒体关注。这些措施共同作用，使费大厨在短时间内建立了强大的品牌声量和市场影响力。

费大厨的市场扩张遵循了科学合理的路径规划。在长沙市场取得成功后，企业首先选择深圳作为拓展目标，这一选择考虑了地域文化相近性和消费群体特点。随后，费大厨按照"先一线城市，再新一线城市"的策略，相继进入上海、北京、广州等城市，每进入一个新市场，都能复制此前的成功经验，并根据当地特点进行适度调整。这种有序扩张使费大厨能够在保证品质的同时，实现规模化增长。

费大厨的战略实施成效显著，体现在多个维度。

- **市场认可**：在各大城市均获得客户高度认可，多家门店成为所在商场的排队首选。

- **品牌地位**：获得"全国小炒肉大王""上海最受欢迎湘菜品牌"等多项权威认证。

- **规模增长**：从长沙单店起步，发展至覆盖全国主要城市的150多家直营店。

- **品类领导**：成功将辣椒炒肉这一传统家常菜提升为专业餐饮品类，并确立了品类领导者地位。

费大厨的成功证明，即使在高度竞争和同质化的市场环境中，企业只要能够找准差异化定位，集中资源实现聚焦突破，再通过科学的扩张策略，依然能够实现从区域品牌到全国连锁的华丽转身。这一案例为众多区域性餐饮品牌提供了可资借鉴的市场拓展路径和策略思考。

霸营销工具

霸营销——聚焦突破，一推即爆

维度	现状	优化
原点市场		
原点渠道		
原点人群		
原点场景		
公关造势		
广告强化		
数字营销		
参考工具		

四个原点

- 具有典型性
- 消费观念成熟
- 消费基础好
- 有辐射效应

- 最容易被接受和使用的消费情境

原点市场 ／ 原点渠道

原点场景 ／ 原点人群

- 匹配定位
- 拔高势能
- 精准对应

- 高势能
- 特性匹配
- 消费能力匹配
- 最容易切入

公关造势

- 内容化、故事化
- 攻击老品类
- 借助品类、定位

制造话题

- 联名品牌
- 跨界
- 融合
借力

善用创始人

重视奖项

- 与品类、定位相关的奖项

- 打造创始人IP

数字营销—短视频

互动机制 ／ 爆款内容

矩阵账号 ／ 平台特性

数字营销—短视频+直播

定目标
引私域　开账号
做放大　　做装修
开直播　　搭链接
拍视频

本章总结

好营销的标准——一推即爆

一推即爆才能增强信心、资源、增长

一推即爆的三大挑战：从哪突破、如何引爆、如何裂变

一推即爆的陷阱——广撒网

　　　受众宽泛：目标客户泛化模糊

　　　渠道多元：渠道众多没有核心

　　　手段多样：营销手法杂乱无章

一推即爆的真谛——聚焦突破

　　　锁定原点：瞄准核心场景人群

　　　饱和击穿：集中资源强势攻击

　　　裂变放大：借势扩散复制势能

霸营销的方法论——聚焦突破，一推即爆

　　　1. 精准切入——找到原点打造样板

　　　2. 精准引爆——公关数字快速裂变

　　　3. 精准复制——复制样板规模扩张

第六章

霸品类——品类主宰

品类如何长红

在成功实现"一推即爆"并建立品牌影响力后，企业面临的新挑战是：如何保持长期领先地位？当品类做大后，必然会吸引竞争对手跟进，此时你可能仍是新品类第一，但已不再是唯一。如何从品类创新者发展为品类主宰者，成为企业持续成长的关键命题。

这也是本节重点讨论的内容，它不仅关注如何创建新品类，更强调如何主宰品类发展方向，构建长期竞争优势。品类主宰者能够引领行业发展趋势，设定竞争规则，并持续扩大与追随者的差距，最终实现品类与品牌的深度绑定。

霸品类的标准——品类主宰

霸品类的核心是实现对品类的主导权。这不仅体现在市场份额上，更体现在对品类认知、标准制定和发展方向的引领能力上。真正的品类主宰者能够在客户心智中建立"品类＝品牌"的等式，使自己成为品类的代名词。

是引领风向，不是守成不变

品类主宰者始终走在行业前沿，通过不断创新引领市场趋势，而非被动跟随。它们深刻洞察客户需求变化和技术发展趋势，率先提出新概念、新标准，塑造市场预期，引导消费习惯。

📖 **案例**

泰兰尼斯稳稳鞋——儿童足部健康的引领者

泰兰尼斯通过深入研究婴幼儿学步期足部发育，发现传统童鞋存在支撑不足等问题，首创"稳稳鞋"品类解决儿童学步不稳、易摔等痛点。创立品类后，泰兰尼斯持续引领行业发展，率先提出"足弓支撑系统"、建立分龄段定制标准、开发足部健康测量体系，不断提高行业标准。

泰兰尼斯通过 KOL 合作、医生背书和科普传播，将"足部支撑"与"稳稳行走"理念深入客户心智，成功将品牌与"学步安全"紧密绑定。当竞争对手纷纷模仿时，泰兰尼斯已完成从产品卖点到健康理念的升级，从"卖学步鞋"进阶为"提供儿童足部发育解决方案"。

面对市场竞争，泰兰尼斯创新产品线至全场景覆盖——从室内学步鞋到户外探索鞋，形成完整的"儿童足部健康生态"，同时引入智能监测等前沿技术保持研发领先。这种不断引领而非守成的思维，使泰兰尼斯成为真正的品类主宰者，实现"稳稳鞋＝泰兰尼斯"的品牌等式，引领整个儿童足部健康市场发展。

是不断迭代，不是原地踏步

品类主宰者深知，市场永远在变化，客户需求不断升级，技术持续革新。因此，它们不会满足于一时的成功，而是持续投入研发，迭代产品和服务，不断提高品类标准，拉开与竞争对手的差距。

案例

华为手机——技术创新驱动的持续迭代

华为手机在激烈的智能手机市场竞争中脱颖而出，关键在于其对产品的持续迭代与创新。从自主研发的麒麟芯片到与徕卡的相机合作，从 EMUI 系统到鸿蒙生态，华为始终保持高强度的研发投入。华为不仅关注硬件升级，更注重客户体验的全面提升，通过构建从入门到旗舰的完整产品矩阵，满足不同客户需求。即使在外部环境变化的挑战下，华为依然坚持技术创新，开辟新的发展方向，展示了品类领导者应有的前瞻性和韧性。华为的案例告诉我们，只有通过持续迭代拓宽与竞争对手的差距，才能在长期竞争中保持领先地位。

是多维布局，不是单一发展

真正的品类主宰者不会局限于单一产品或单一市场，而是通过多维度布局构建立体竞争优势。它们既关注产品线的纵向延伸，也重视业务的横向拓展；

既注重市场规模的扩大，也关注生态系统的构建，形成难以复制的综合竞争壁垒。

案例

阿里巴巴——全域数字商业生态的构建者

阿里巴巴从最初的B2B平台起步，逐步构建了覆盖电商、金融、云计算、物流、数字媒体等多个领域的业务矩阵。在电商领域，阿里通过淘宝、天猫、闲鱼等平台覆盖不同消费场景；在支付领域，支付宝从单纯的支付工具发展为综合金融服务平台；在云计算领域，阿里云从服务内部需求扩展到对外赋能各行各业。这种多维布局不仅分散了单一业务的风险，更形成了业务间的协同效应，各板块相互引流、相互赋能，构建起难以复制的生态系统优势。阿里巴巴的案例表明，品类主宰者需要以系统性思维构建多维竞争壁垒，才能在变化的市场环境中保持长期领导地位。

为什么要品类主宰

在当今竞争激烈的商业环境中，企业不仅要谋求生存，更要追求长期繁荣。品牌突破只是成功的开始，而品类主宰则是企业真正实现长期价值增长的战略制高点。品类主宰不只是市场地位的象征，更是企业持久竞争力的源泉。为何企业要追求从品类参与者晋升为品类主宰者？这一战略抉择将决定企业能否在变幻莫测的市场中立于不败之地。

赢家通吃：客户指名尽享厚利

在市场格局日益向"赢家通吃"演变的趋势下，品类主宰者能建立强大的心智占位，享受"指名购买"带来的战略红利。当消费决策从"我需要一款奶茶"变为"我要买香飘飘"时，品牌获得了宝贵的定价权，实现高额利润。

未能确立主导地位的企业往往陷入同质化竞争的泥潭，依靠不断升级的价格战争夺市场份额。这种竞争方式导致利润变薄，形成投入不足、创新乏力、竞争力削弱的恶性循环，最终面临激烈竞争，份额萎缩的困境。

双重保险：自我进化封杀对手

品类主宰者拥有独特的双轨创新优势：既能通过"自我进化"保持领先，又能通过"复制对手"的创新来扩大优势。作为市场引领者，主宰者拥有更敏锐的市场洞察能力和更雄厚的资源整合实力，能在自身创新受阻时，仍能通过学习竞争对手维持领先地位。

如果不能持续引领品类发展，企业的先发优势将逐渐被侵蚀。随着技术扩散和模式复制，后来者可能以更低成本复制先行者的优势，最终导致对手赶超，优势不再的局面。市场历史反复证明，仅依靠"第一个进入市场"的优势不足以保证长期成功，企业需要不断构建多层次竞争壁垒，才能维持领先优势。

抗周期性：穿越周期基业长青

在瞬息万变的市场环境中，品类主宰者能够利用综合优势，通过持续创新引领品类发展，推动边界拓展，实现基业长青。真正的主宰者能够穿越行业周期，在市场环境变化时主动战略调整，展现强大的抗周期能力，超越单一产品生命周期的限制。

面对市场剧变、需求转型或技术革命，未能成为品类主宰的企业往往显得脆弱不堪，在危机来袭时首当其冲，面临衰落难免的境地。研究显示，在行业变革期，品类领导者的生存率比一般市场参与者高约 30%，这种危机适应力源于更深厚的资源积累和更强的创新能力。品类参与者在面对市场动荡时，往往缺乏足够的抵御风险能力。

📄 案例

香飘飘的品类主宰实践

作为杯装奶茶的开创者，香飘飘通过持续创新和多维布局，成功实现了从品类创新到品类主宰的战略转型。

面对市场挑战，香飘飘没有满足于"杯装奶茶第一品牌"的地位，而是积极践行品类主宰战略。一方面完善现有产品线；另一方面敏锐洞察即饮化趋势，大胆进军液体奶茶市场，推出"兰芳园"冻柠茶等创新产品，开辟第二增长曲线。

这种战略使香飘飘实现了市场领导地位。截至 2024 年，香飘飘销售额达

36.25 亿元，市值超过 67 亿元，其中传统业务和新拓展的即饮业务共同贡献营收，展现强劲增长势头。

香飘飘的实践验证了品类主宰的三重价值：一是获得指名购买优势，保持高利润；二是展现战略灵活性，快速应对市场新趋势；三是成功穿越市场周期，通过多元化产品矩阵实现可持续发展。

品类主宰不是终点，而是企业长期价值创造的新起点。通过追求"赢家通吃"的市场地位，构建"双重保险"的竞争优势，实现"抗周期性"的可持续发展，企业才能在激烈的市场竞争中保持长期领先，创造持久价值。对于有远见的企业领导者而言，从品类突破到品类主宰的跨越，是企业从短期成功迈向长期繁荣的必由之路。

品类主宰的两大挑战

虽然品类主宰能够带来显著的商业优势，但实现并维持这一地位绝非易事。企业在追求品类主宰的过程中，必须直面和克服两大关键挑战。这些挑战不仅是外部环境的压力，更是企业内部必须跨越的障碍。

自宫：突破舒适区，主动重塑

品类主宰者必须具备"自宫"的勇气——即放弃已经取得成功的产品和模式，主动打破自己的舒适区，实现自我重塑。这是最困难也最具决定性的挑战。

组织惯性阻力大：企业在取得初步成功后，往往形成稳定的组织架构、业务流程和决策机制。这种组织惯性使企业倾向于维持现状，抵制变革。特别是当现有业务模式仍能产生稳定收益时，组织内部对颠覆性创新的抵触情绪会更加强烈。打破这种组织惯性需要领导层的坚定决心和系统性的变革管理。

思维模式难更新：成功企业往往陷入"成功的陷阱"，固守过去奏效的思维方式和战略路径。当市场环境发生根本性变化时，这种思维定式会阻碍企业识别新机遇和新威胁。品类主宰者需要不断更新思维模式，保持战略敏感性，才能在变革中保持领先地位。

封杀：精准遏制对手，控制赛道

品类主宰不仅需要自身强大，还需要有效限制竞争对手的发展空间，确保自己在关键领域的绝对主导地位。

在开放竞争的市场环境中，企业需要以合法合规的方式构建竞争壁垒，防止竞争对手通过模仿或差异化策略侵蚀自己的市场份额。这要求企业能够精准识别真正的竞争威胁，并采取有效措施进行"封杀"。

对手反制迅速： 在当今信息高度透明的市场环境中，竞争对手往往能迅速识别并反制企业的战略举措。建立短期竞争优势相对容易，但维持长期领先地位则困难得多。品类主宰者需要构建多层次、难以模仿的竞争壁垒，才能有效延缓对手的反制步伐。

市场判断不准： 企业在制定封杀策略时，可能因市场判断失准而导致战略失效。尤其是在快速变化的市场环境中，企业可能高估自身优势或低估新兴竞争威胁，甚至误判市场演进方向，从而在战略选择上犯下致命错误。准确的市场洞察能力是实施有效封杀策略的前提。

📝 案例

诺基亚：品类主宰者陨落的警示

作为曾经的全球手机市场霸主，诺基亚在2011年宣布破产，2013年以71.7亿美元将全部手机业务出售给微软，彻底退出了它曾经主宰的行业。

诺基亚CEO约玛·奥利拉的名言道出了品类主宰者陨落的无奈："我们并没有做错什么，但不知为什么，我们输了。"这句简短而深沉的叹息背后，隐藏着品类主宰失败的深层原因。

在功能手机时代，诺基亚凭借卓越的硬件设计、可靠的产品质量和广泛的市场覆盖，建立了难以撼动的行业地位。然而，当苹果推出第一代iPhone，开启智能手机新纪元时，诺基亚却未能意识到这一变革的深远影响。公司固守已有的成功模式，继续在Symbian系统上投入大量资源，错失了战略转型的关键窗口期。

强大的组织惯性使诺基亚难以突破自身舒适区。作为市场领导者，诺基亚拥有成熟的组织架构和业务流程，这反而成为创新的阻力。公司高层虽然看到了智能手机的发展趋势，但转型决策迟缓，执行不力。思维模式的固化更使诺基亚难以适应市场新规则，仍然以硬件制造商而非生态系统建设者的视角看待行业，低估了软件和客户体验在新时代的决定性作用。

同时，诺基亚也未能精准判断市场走向，制定有效的竞争策略。当苹果和谷歌迅速构建起强大的应用生态系统时，诺基亚的封杀策略已难见成效。竞争对手的快速创新和反制，加速了诺基亚市场份额的流失。从全球手机市场的绝对霸主，到智能手机时代的边缘玩家，诺基亚的陨落速度之快，令人唏嘘。

诺基亚的案例警示我们，品类主宰不是一劳永逸的成就，而是需要企业持续挑战自我、突破舒适区、精准遏制对手的动态过程。即使是最强大的品类主宰者，如果不能适应市场变革，主动重塑自身，也会在竞争中迅速失去领导地位。诺基亚未能成功实现"自宫"与"封杀"这两大关键战略，最终失去了它曾经主宰的品类。

市场永远在变化，客户需求不断演进，技术创新持续涌现。品类主宰者的成功不在于守成，而在于在变革中把握先机，在挑战中重塑自我。诺基亚的陨落故事提醒每一个追求品类主宰的企业：只有不断挑战自我、精准应对竞争，企业才能在变幻莫测的市场中长期保持品类主宰地位。

品类主宰之路充满挑战，但也正是这些挑战，将真正的行业领导者与普通企业区分开来。那些能够成功应对"自宫"、"封杀"和"裂变"三大挑战的企业，才能真正实现并维持品类主宰的地位，在激烈的市场竞争中立于不败之地。

品类主宰的陷阱——基于当下

实现品类主宰是企业长期发展的战略目标，然而在实践中，大多数企业难以达成这一目标。究其原因，主要在于企业过度"基于当下"的思维模式。

成功惰性：安于过往缺乏进取

企业在取得一定成功后，往往容易陷入"成功惰性"的陷阱。这种惰性使企业满足于当前的市场地位，缺乏持续进取的斗志。当企业领导者认为"我们已经做得够好了"，就会不自觉地抵制变革，最终被快速变化的市场所淘汰。

靠吃老本：榨取老品坐吃山空

许多企业倾向于持续榨取现有产品的剩余价值，而非积极开发新产品和新市场。这种过度依赖核心产品的战略，虽能在短期内维持收益，却无法支撑企业的长期增长。企业习惯于小修小补现有产品，而非投入资源开发真正具有突破性的创新，最终导致市场空间被逐渐压缩。

内部扼杀：否决新品固步自封

"品类主宰"的另一大障碍是企业内部对创新项目的抵制，尤其是那些可能与现有产品形成竞争的项目。这种"内部扼杀"机制阻碍了企业开辟新赛道的尝试，使其错失了多个市场机会。当现有业务模式仍能产生可观收益时，组织内部对可能"自我颠覆"的创新往往持抵触态度，这种保守思维最终限制了企业的发展空间。

 案例

"基于当下"的农夫山泉

在农夫山泉早期发展阶段，主要依赖瓶装水单一品类，凭借"农夫山泉有点甜""我们不生产水，只是大自然的搬运工"等经典营销占据了可观的市场份额，2012年市占率一度超过20%。然而，长期专注于单一品类，忽视多元化布局，使企业创新动力减弱。

2010年前，农夫山泉仅推出少量延伸产品（如农夫果园），创新步伐缓慢，导致功能性饮料、茶饮等新兴赛道被统一、康师傅等竞争对手抢占先机。同时，公司内部资源配置严重向瓶装水倾斜，对新品研发投入保守。农夫山泉创始人钟睒睒虽然曾公开批评"快消品行业跟风严重"，但公司早期却囿于对现有业务的保护而错失了多个市场机会。

基于当下的严重后果

企业如果执着于"基于当下"的取向，最终将面临三重严峻后果。

市场萎缩：随着客户需求的变化和竞争格局的演变，单一品类的市场空间必

195

然会趋于饱和甚至萎缩。不能及时拓展新品类的企业，其市场份额将被具有创新思维的竞争对手逐渐蚕食，原有的市场优势将不断削弱。

利润下滑：当企业困守于现有产品范畴，必然陷入同质化竞争，最终导致价格战的恶性循环和利润率的持续下滑。缺乏高附加值新品支撑，企业的盈利能力将显著减弱，难以维持长期的财务健康。

生存可危：市场萎缩和利润下滑的双重压力下，企业的生存能力将受到严峻挑战。当行业出现颠覆性变革时，过度依赖传统业务的企业往往首当其冲，面临被市场淘汰的命运，甚至在短时间内失去竞争力和生存空间。

品类主宰的真谛——基于未来

面对"基于当下"的风险，真正能够实现"品类主宰"的企业，往往采取"基于未来"的战略思维，包括三个关键维度。

夯实地位：巩固当下竞争优势

"基于未来"并非完全抛弃现有业务，而是在巩固核心竞争优势的基础上谋求突破。企业需要持续强化在现有品类中的领导地位，构建高壁垒的竞争优势，为多品类拓展奠定坚实基础。

不断迭代：持续优化产品服务

品类主宰者需要通过持续迭代来保持产品服务的领先地位。这包括产品层面的持续升级与细分，以及技术层面的持续投入与突破。只有不断满足客户不断变化的需求，企业才能保持品类领导地位。

自我革命：主动突破现有局限

"品类主宰"的关键在于企业敢于突破舒适区，主动革新自我。这既包括在现有品类内的持续分化与升级，也包括向新品类、新领域的大胆跨界与拓展。只有具备这种自我革命的勇气，企业才能在激烈的市场竞争中保持长期领先。

案例

"基于未来"的农夫山泉

认识到早期战略局限后，农夫山泉逐步转向"基于未来"的思维模式。在夯实地位方面，公司通过抢占全国十二大水源地，强化了其作为天然水品类领导者的市场地位；同时，通过赞助马拉松、世界杯等活动，将品牌与"天然、安全、健康"的核心价值紧密绑定。

在持续迭代方面，农夫山泉不断细分和升级产品线，推出针对特定人群的婴儿水、富含锂元素的锂水等高端细分产品；同时建立专业实验室研究天然水源成分，为产品差异化提供科学支撑。

最具突破性的是农夫山泉的自我革命。一方面，公司进行了品类分化，推出针对年轻群体的茶π，押注"无糖茶"趋势的东方树叶，以及配方升级的运动饮料"尖叫"；另一方面，公司勇于品类跨界，切入咖啡赛道的自热咖啡"炭仌"、进军高端果汁市场的NFC系列，以及布局植物基酸奶、苏打水等新品类。这种主动突破既有局限的战略勇气，使农夫山泉成功从单一的瓶装水企业转型为覆盖全品类的饮料巨头。

基于未来的三重收益

新业迭出： 持续的品类创新为企业注入鲜活动力，使其能够不断吸引新客群、开拓新市场、创造新增长点，保持业务的活力与韧性。

钱途更广： 多元化品类布局显著扩大了企业的市场空间和盈利渠道，提升了整体营收水平和利润空间，为长期发展提供了充足的资金支持。

根基更稳： 多品类布局使企业不再过度依赖单一产品线，大幅降低市场波动带来的经营风险。即使某一品类面临挑战，企业仍能依靠其他品类维持稳定发展。

霸品类的方法论——基于未来，品类主宰

企业要实现真正的品类主宰，必须摒弃"基于当下"的保守思维，积极拥抱"基于未来"的前瞻视角。"霸品类"方法论提供了系统性的实践路径，主要包括

三大支柱策略：强化第一、进化迭代和分化主导。

1. 强化第———巩固品类领导地位

强化第一是实现品类主宰的基石和起点。在市场竞争中，只有先成为第一，才有可能主宰品类；只有夯实第一的优势，才能建立难以撼动的领导地位。强化第一主要通过两大关键策略实现：壮大品类和升级定位。

品类壮大

当品类开创者在客户心智中占据稳固的品类领先认知，品类和品牌就实现了绑定，品牌的前景就取决于品类的前景。因此，品类主宰者首先需要壮大其所在品类。

品类主宰的核心逻辑是：品牌的增长空间取决于品类的增长空间。因此，真正聪明的品类领导者不会局限于与竞争对手争夺现有市场份额，而是致力于扩大整个品类的边界，提升品类在客户生活中的重要性。

推广品类和教育客户

任何品类，尤其是新兴品类，都需要持续的市场教育和客户培养。这种教育不仅仅是告诉客户"我的产品有多好"，更重要的是让客户明白"这个品类为什么重要""这个品类如何改善生活"。

宝洁洗发水： 20 世纪 80 年代，宝洁在中国推广洗发水时，不是直接宣传飘柔有多好，而是以"今天你洗头了吗"的问题引导客户养成经常洗头的习惯，从而扩大了整个洗发水品类的市场空间。

金宝汤罐头汤： 通过"汤是一种很好的食品"的传播，金宝汤不仅为自己品牌打广告，更是在为整个罐头汤品类塑造价值，引导客户形成食用罐头汤的习惯。

三只松鼠坚果： 通过持续传播"坚果有益身心健康"的理念，三只松鼠不仅提升了自身品牌价值，更带动了整个坚果品类的消费增长。

品类教育的关键在于找到品类与客户生活之间的关联点，通过简单、清晰的信息传递，让客户理解品类的价值，从而形成稳定的消费习惯。对于已经成熟的品类，教育工作则更多聚焦于挖掘品类的新价值和新场景，不断刷新客户对品类的认知。

维护品类价值

品类领导者不仅要追求自身增长，更要维护整个品类健康发展。当品类价值受威胁时，领导品牌应当捍卫品类的高端形象，即使短期内成本增加，从长远看将带来品类价值提升和更大的品牌溢价。

王老吉与加多宝曾凭借差异化定位，共同将凉茶从"苦口良药"转变为热门健康饮品，极大提升了品类价值。然而，随着两大品牌陷入"红罐之争"，营销焦点从宣传品类价值转向了品牌竞争，导致凉茶市场低端化趋势显现，和其正、黄振龙等其他品牌逐渐式微。作为行业领导者，王老吉意识到维护品类价值的重要性，开始从三方面采取行动：深化高端定位，坚持产品高标准，拒绝低价竞争；优化产品包装，平衡传统与现代审美；借助短视频、直播等新媒体平台，传播凉茶的传统价值与健康理念。

维护品类价值的核心在于坚持高标准、拒绝低价竞争、强调品质体验，即使这在短期内可能意味着更高的成本和更小的市场规模，但从长期来看，这种坚持会带来品类价值的提升和品牌溢价的增长。

定位升级

在品类发展的不同阶段，企业需要采取不同的定位策略来巩固和扩大领先优势。

在品类初期的"做蛋糕阶段"，企业需要扩大整体市场规模，定位往往聚焦于品类教育和基础价值传递。而当品类进入成熟的"切蛋糕阶段"，竞争加剧，企业必须升级定位，从占有心智到建立壁垒。升级定位的核心是投入战略性资源，成为品类代表，确保心智领先。

销量第一：销量第一是最直观、最具说服力的领先证明。企业可通过权威机构认证（如欧睿国际）、行业协会数据或第三方市场调研公司的报告来证实。

技术领先：技术领先强调企业在核心技术上的领先优势，通常通过专利数量、研发投入、技术突破或创新成果来证明。企业可以通过"行业首创技术""专利技术领先""核心技术突破"等方式表达技术领先性。技术领先的证明对专业性较强的产品尤为重要，能够提升品牌专业形象，建立专业壁垒。

开创者身份：作为品类开创者是难以撼动的心智优势。"第一个"在客户心智中具有特殊地位，开创者身份可通过强调品牌历史、创始故事、首创时间等方式证明。这类定位能够在竞争中确立原创性和正统性，形成其他品牌无法复制的差异化优势。

领导者地位： 领导者地位不仅限于销量和技术，还包括行业影响力、标准制定权和趋势引领能力。企业可通过"行业标准制定者""行业发展引领者"等定位表达领导地位。领导者定位能够强化品牌的权威性和前瞻性，使品牌成为行业风向标，获得更高的品牌溢价。

📰 **案例**

今麦郎凉白开

今麦郎凉白开在进入市场的初期，采用"更适合中国人的肠胃"作为核心定位，强调产品与中国消费者的契合度，教育市场关于熟水的价值。这一阶段，企业着重于培育市场，扩大品类认知。

随着市场竞争加剧，凉白开进入切蛋糕阶段，定位升级为"熟水全国销量领先"。这一定位直接强调其市场领导地位，从功能价值转向权威地位，建立起客户心智中的领导者形象。

📄 **案例**

杰克缝纫机

杰克缝纫机在做蛋糕阶段以"快速服务100%"为核心定位，聚焦于服务承诺和客户体验，解决客户痛点。这一定位帮助杰克在市场中建立了良好口碑，吸引初期客户。

进入切蛋糕阶段后，杰克将定位升级为"连续14年全球第一"，通过权威认证和数据支持，确立了不可撼动的行业领导地位。这种定位升级不仅强化了品牌在专业客户心中的地位，也为企业创造了更高的品牌溢价。

升级定位是品类主宰者在市场竞争中的必然选择。通过从功能价值到领导地位的跃升，企业能够在心智争夺战中占据制高点，从而在激烈的市场竞争中获取最大份额。

2.进化迭代——保持品类领先优势

在实现品类主宰的路径中，进化迭代是确保企业能够长期保持领导地位的关键策略。品类领导者必须不断引领品类升级迭代，让产品持续保持竞争力。真正的品类主宰者遵循"及时进化"的三大原则。

始终走在品类的最前面：品类领导者必须保持前瞻性视野，率先感知市场趋势和消费需求变化，抢占创新先机。只有走在行业前沿，企业才能持续引领品类发展方向，巩固领导地位。

小步快跑，不断迭代：与其追求一蹴而就的颠覆性创新，品类领导者往往更倾向于采取"小步快跑"的迭代策略，通过持续的渐进式改良，实现产品和服务的累积性提升。这种策略既能降低创新风险，又能保持企业的进化动力。

让客户感受到明显的改变：无论是产品功能、外观设计还是使用体验，每次迭代都必须给客户带来可感知的价值提升。只有当客户能够明确感受到升级带来的益处，品类进化才能真正获得市场认可。

品类进化

品类进化不仅体现在产品形态上，还体现在功能、技术、体验等多个维度。真正的品类主宰者能够从客户需求出发，前瞻性地把握市场趋势，不断推动品类的整体升级，确保自身始终处于品类进化的引领位置。品类进化主要通过以下四种方式实现。

技术升级：通过技术创新引领品类发展方向，重塑客户对产品的认知与期待。技术升级包括核心部件迭代、性能突破、系统优化等。品类主宰者会前瞻性投入关键技术研发，建立技术壁垒，保持领先地位。

功能拓展：通过增加产品功能，拓宽应用场景，提升产品价值。功能拓展既要满足核心需求，又要挖掘潜在需求，同时避免功能堆砌导致的使用复杂化。品类主宰者会围绕核心价值不断延伸功能边界，增加产品黏性。

品质提升：通过提高产品品质标准，引领消费升级，建立竞争壁垒。品质提升包括材质升级、工艺精进、可靠性增强和环保健康等方面。品类主宰者往往会主动提出并实践更高的品质标准，引导整个行业品质升级。

客户体验：通过优化产品与客户的互动过程，提升使用满意度，建立情感连接。客户体验涵盖产品外观设计、界面交互、操作便捷性和服务支持等各个环节。品类主宰者会站在客户视角全方位设计体验流程，打造难以复制的体验优势。

案例

小天才电话手表的品类进化

小天才电话手表作为儿童穿戴设备的品类领导者，首先从2G到4G网络升级、从单一定位到多重定位系统的演进，不断刷新了市场对儿童穿戴设备技术标准的预期。

与此同时，该产品从最初的通话定位，逐步拓展至视频通话、AI助手、教育功能和健康监测等领域，实现了从安全工具到儿童全场景智能设备的转变。

不仅如此，小天才电话手表在防水防摔性能、电池续航、屏幕显示和辐射控制等方面不断突破，树立了儿童电子产品的安全与品质标杆。

更值得一提的是，这款产品针对儿童客户设计了简洁直观的界面、趣味化的互动方式，同时为家长提供了便捷的监控管理功能，在儿童与家长两端都实现了极致体验。

品类进化是一个系统性工程，需要企业在这四个维度同时发力，才能保持领先地位。真正的品类主宰者不仅能够紧跟市场变化，更能够前瞻性地引领变革，推动整个品类向更高层次发展，实现企业与品类的共同成长。

竞品封杀

在品类主宰的竞争策略中，有一条重要原则："领导者要同质化，非领导者要差异化。"作为品类领导者，除了主动升级创新外，还需要及时跟进并"封杀"竞争对手的创新尝试，避免被颠覆性创新所取代。

美的作为家电行业的龙头企业，展现了典型的"及时封杀"策略。市场上每出现一款具有创新性的小家电产品，美的就迅速推出同类产品，并凭借规模优势提供更具竞争力的价格，最终稳固其市场领导地位。这种策略使得竞争对手难以通过创新突破建立持久的差异化优势。

及时封杀并非简单的模仿跟随，而是品类领导者对市场竞争格局的主动控制。当发现竞争对手的创新可能威胁自身领导地位时，品类主宰者需要快速响应，通过产品跟进、技术布局或商业模式调整等方式，遏制潜在威胁，维持品类主导权。

3.分化主导——构建品类生态系统

随着市场的不断发展，单一品类难以满足多元化的消费需求，品类分化成为必然趋势。真正的品类主宰者能够把握分化机遇，构建更为复杂的品类生态系统。

品类分化

"没有一个品牌可以控制一个大品类，分化不会削弱品类，反而有利于品类壮大。"品类分化是指基于不同消费场景、不同消费群体或不同功能需求，将一个大品类细分为多个子品类，从而满足更为精准的市场需求。

品类分化不是简单的产品线扩张，而是基于对消费需求深刻洞察的精准布局。成功的品类分化能够为企业开辟新的增长空间，同时巩固其在整体品类中的主导地位。

人群细分： 通过识别并满足不同人群的特定需求，创造针对性产品，实现精准定位。人群细分可基于年龄、性别、职业、生活方式等多种维度，每一种细分都可能孕育新的市场机会。

场景细分： 根据不同使用场景和消费情境，开发适合特定环境的产品形态。场景细分能够拓展品类的应用范围，挖掘新的消费机会。

功能细分： 基于产品核心功能的不同侧重点，形成多样化的产品组合。功能细分能够满足客户的差异化需求，提供更精准的问题解决方案。

价格细分： 通过在不同价格带布局产品，覆盖从入门到高端的全价格谱系。价格细分能够拓展品牌的受众范围，同时维护品牌的整体溢价能力。

品类分化是品类主宰者实现全面市场覆盖的战略工具。通过科学、系统的分化策略，企业能够在不削弱自身核心竞争力的前提下，不断扩大市场覆盖面，建立难以撼动的品类领导地位。成功的品类分化不仅能够满足多元化的市场需求，还能有效抵御竞争对手的市场渗透，构筑持久的竞争优势。

可口可乐公司的品类分化

可口可乐公司的品类分化展示了这一理念的成功实践。

首先，除了经典的可口可乐外，公司还针对健康意识客户推出健怡可乐，满足了对低糖饮料的需求。

同时，针对年轻消费群体推出了色彩鲜艳、口味多样的芬达，迎合了年轻人追求个性化的消费心理。

此外，针对追求清爽口感的客户推出了雪碧，为寻求不同饮用体验的客户提供了选择。

正是通过这种多元化的品类布局，可口可乐公司能够覆盖几乎所有碳酸饮料的细分市场，形成全面的品类主导。

品类大树

企业在品类发展中面临三种典型模式的选择：大伞型、灌木型和大树型。

大伞型是指企业把已有的知名品牌当作大伞，在伞下推出其他品类的各种产品的发展策略。日本家电企业以及国内的海尔、长虹等采用了这一模式。其特点是营业额高而盈利能力弱，因为品牌延伸过广会削弱核心竞争力。

灌木型是指企业同时出击多个品类，推出多个品牌，但各个品牌在各个品类都缺乏主导性的发展策略。长城汽车曾采用这种模式，在SUV、轿车、皮卡等多个子品类同时布局，推出赛骏、赛弗、炫丽、精灵、赛影、赛灵等多个品牌，但缺乏明确的主导品类。

大树型则是指企业长期聚焦一个品类、一个品牌，逐渐形成品类主导，成为企业强壮主干；然后根据品类分化趋势，适时推出第二、第三品牌，最终形成品类大树。现在的长城汽车是这一模式的典型代表，从长城皮卡起家，到哈弗经济型SUV成为核心主干，再到坦克潮玩越野、欧拉电动汽车等新品类的拓展，形成了清晰的产品生态。此类企业往往竞争力突出，盈利良好，大多数行业中的领先者都属于此类。

在品类主宰的战略选择中，大树型无疑是最具可持续竞争力的发展模式。它既避免了大伞型的品牌稀释风险，又克服了灌木型的资源分散缺陷，能够在保持核心竞争力的同时，有序拓展品类边界，实现持续增长。

实战案例：从"聚能环"到"品类主宰"，南孚电池的"品类称王"之路

南孚电池作为中国先进的电池科技公司，专注于小电池领域，产品行销全球五大洲六十多个国家和地区，向世界展现中国产品的品质和民族企业的魅力。南孚如何从一个电池品牌成长为行业霸主？其成功之路恰恰印证了"基于未来"的品类主宰战略价值。

南孚的品类主宰之路始于"强化第一"策略。在中国碱性电池市场，南孚以独特的"聚能环"技术确立了绝对领导地位，占有 80% 以上的市场份额。客户心智中形成了"有聚能环电池更耐用"的牢固认知，这种品牌与品类的强绑定，使南孚获得了品类领导者的战略红利。南孚不仅通过持续的广告投放和品牌传播壮大碱性电池品类，还以"中国电池销量第一品牌""连续 28 年全国销量领先"等宣传强化其品类代表地位，确保在客户心智中的领先位置。

随着市场的发展，南孚深谙"进化迭代"的重要性，不断推动产品升级与创新。从聚能环 1 代到聚能环 4 代，南孚的核心产品线经历了多次迭代升级。每一代产品都有明显的性能提升——聚能环 2 代"电量更多 25%"，聚能环 3 代"刷新耐用新纪录"，聚能环 4 代"再创耐用新纪录"。这种小步快跑的渐进式创新，使南孚能够始终走在品类的最前面，不断刷新客户对电池性能的期待。

在市场竞争中，南孚敏锐地意识到对手可能通过低价策略抢占市场。作为品类领导者，南孚采取了典型的"及时封杀"策略，推出低价碳锌电池品牌"益圆"，有效封堵了竞争对手的价格突破口。这一策略充分体现了"领导者要同质化，非领导者要差异化"的竞争法则，确保南孚能够主导市场竞争规则，维持整体领导地位。

南孚的品类主宰战略在"分化主导"环节展现出高度的战略智慧。随着电池应用场景的多元化，南孚敏锐地把握品类分化趋势，开创了多个细分品类。针对燃气灶应用场景，南孚推出"丰蓝 1 号"品牌，主打"高温下更耐用"的差异化卖点。这一战略举措取得了显著成效，2023 年丰蓝 1 号在华北、南部、西部多省市的市场份额突破 60%，连续 6 年保持全国销量第一。

随着物联网技术的发展，南孚又在 2020 年开创纽扣电池新品类——"传应"，主打物联网应用，并绑定了类似聚能环的全新卖点"黄金底"。这种前瞻性布局

使南孚能够抢占新兴市场，扩大品类主导优势。

通过这一系列战略举措，南孚最终构建起了典型的"品类大树"发展模式：以聚能环电池作为强壮主干，辅以丰蓝1号、传应和益圆等战略分支，形成了完整的品类生态系统。这一结构使南孚在保持核心竞争力的同时，能够有效应对市场分化趋势，持续扩大品类主导优势。

南孚电池的成功之路生动诠释了"霸品类"方法论的三重价值：通过强化第一，南孚建立了稳固的品类领导地位；通过进化迭代，南孚保持了持续的创新活力；通过分化主导，南孚构建了全面的品类生态。这一系列"基于未来"的战略布局，使南孚从单一的电池制造商成长为真正的品类主宰者，享受"根基更稳、生意常新、钱途更广"的战略红利。

南孚电池的品类成王之路，不仅是一个企业的成功故事，更是品类主宰理论的生动实践。当企业能够摆脱"基于当下"的局限性思维，勇于"自宫"突破舒适区，精准"封杀"竞争对手，就能沿着"强化第一、进化迭代、分化主导"的路径，最终实现从品类参与者到品类主宰者的战略跨越，建立持久的竞争优势。

霸品类工具

霸品类——基于未来，品类主宰

维度	现状	优化
定位升级		
品类进化		
品类分化		
参考工具		

定位升级	品类进化	品类分化
销量第一　　技术领先	技术升级　　功能拓展	人群细分　　场景细分
开创者身份　　领导者地位	品质提升　　用户体验	功能细分　　价格细分

本章总结

霸品类的标准——品类主宰

品类主宰才能实现赢家通吃、双重保险、抗周期性

品类主宰的两大挑战：自宫、封杀

品类主宰的陷阱——基于当下

    成功惰性：安于过往缺乏进取

    靠吃老本：榨取老品坐吃山空

    内部扼杀：否决新品固步自封

品类主宰的真谛——基于未来

    夯实地位：巩固当下竞争优势

    不断迭代：持续优化产品服务

    自我革命：主动突破现有局限

霸品类的方法论——基于未来，品类主宰

    1. 强化第一——巩固品类领导地位

    2. 进化迭代——保持品类领先优势

    3. 分化主导——构建品类生态系统

品类称王战略地图

品类称王战略

先抢再霸，半年破局，三年称王

序号	步骤		现状	优化
1	抢品类 抢强品类，升级替代	心智出发		
		市场出发		
		技术出发		
2	抢定位 抢占第一，不二之选	对立第一		
		特性第一		
		地位第一		

续表

序号	步骤		现状	优化
3	抢爆品 抢大单品，引爆品类	超级单品		
		超级定价		
		超级背书		
4	霸品牌 极致呈现，马上就买	品类名		
		品牌名		
		视觉符号		
		传播口号		
5	霸营销 聚焦突破，一推即爆	原点市场		
		原点渠道		
		原点人群		
		原点场景		
		公关造势		
		广告强化		
		数字营销		
6	霸品类 基于未来，品类主宰	定位升级		
		品类进化		
		品类分化		

后记

从模仿者到品类称王的蜕变之路

亲爱的企业家，当你翻到这一页时，或许你正经历着市场竞争的痛苦，或许你的企业正面临着增长瓶颈，或许你已经尝试了无数方法却始终未能突围。

这不是你的错。

真相是：在当今竞争白热化的市场环境中，仅靠努力已经不够。无数企业投入大量资源、拥有优质产品，却依然挣扎在行业的中下游，为何？

因为它们缺少的不是努力，而是正确的方法。

从"抢"到"霸"：品类称王的战略地图

本书为你呈现的"品类称王战略"方法论，是一条从市场边缘到行业中心的进阶之路。

先抢再霸，破局天下

起步阶段——三大"抢"策略：

抢品类（抢强品类，升级替代）——精准选定赛道，争得入局资格

抢定位（抢占第一，不二之选）——植入独特印记，扎根消费心智

抢爆品（抢大单品，引爆品类）——打造爆款单品，实现市场突围

进阶阶段——三大"霸"策略：

霸品牌（极致呈现，马上就买）——构筑品牌资产，实现自动成交

霸营销（聚焦突破，一推即爆）——掌握高效营销，实现稳定增长

霸品类（基于未来，品类主宰）——引领品类发展，构建生态壁垒

两条路，两种命运：你将如何选择

在今天的商业战场上，企业只有两条路可走。

模仿者之路：看似安全，实则危险

今天：省力又省心，盲目随大流

明天：陷入同质化，深陷价格战

后天：市场渐边缘，终至被淘汰

无数企业选择这条看似安全的道路，却不知这正是通往死亡的捷径——看到热卖就跟风生产，沦为替代品；看到谁成功就模仿谁，沦为山寨版。最终结果？血本无归、品牌归零、元气尽损！

品类称王之路：开始艰难，终成王者

今天：勇破舒适区，全力去创新

明天：构建强壁垒，领航于行业

后天：广积丰厚利，威名久相传

南孚电池、华为手机、阿里巴巴的成功证明：品类主宰者不仅享有市场占有率的绝对优势，更拥有定价权、话语权和行业规则的制定权。它们的商业帝国建立在坚实的品类主导地位之上，穿越周期，基业长青。

半年破局，三年称王：这不是口号，是必然

当企业家掌握并实践"品类称王战略"方法论，市场将以惊人的速度回应你的努力。

第一阶段（3个月）：明确方向，确立品类和定位。

第二阶段（6个月）：爆品突围，实现市场破局。

第三阶段（1年）：品牌建设，营销体系成熟。

第四阶段（2~3年）：品类主导，成为行业之王。

这不是空洞的承诺，而是基于无数成功案例的必然结果。每一个今天的品类

王者，都曾是一个怀揣梦想的追随者，它们的不同之处仅仅在于：它们选择了正确的方法，并坚决执行。

与我同行，开启您的品类称王之旅

先抢再霸　破局天下

品类突围　心智开疆

定位之战　独树一帜

爆品利器　引爆江湖

品牌魅力　一秒倾心

营销制胜　千帆竞发

品类进化　主导格局

战略引领　品类称王

亲爱的企业家，仅仅阅读本书是远远不够的。真正的转变需要深度学习、系统理解和持续实践。

我诚挚地邀请你：

1. **参与我们的深度培训课程**——系统掌握品类称王的六大落地工具，获得针对性的案例解析和实操指导

2. **加入品类称王企业家社群**——与志同道合的企业家交流，获取行业洞察，共同成长

3. **获取专属咨询与指导**——让我的团队为您的企业定制专属的品类称王战略规划，助您破局称王

数百家企业在这套方法论的指导下，已经成功实现了从行业模仿者到品类领导者的华丽转身。它们用实际行动证明：品类称王不是少数企业的专利，而是每一个掌握正确方法的企业都可以实现的目标。

现在，请问自己三个问题：

1. 你是否已经厌倦了在红海中的无谓竞争？

2. 你是否渴望让自己的企业脱颖而出，成为行业的引领者？

3. 你是否准备好投入时间和精力，跟随我的指导，掌握品类称王的方法论？

如果你的答案是"是"，那么，行动的时刻已经到来。

向过去、现在和未来的品类王者致敬！它们用实践证明，商业世界的巅峰是可以攀登的，品类称王的梦想是可以实现的。

谁将是下一个品类王者？

我坚信，就是此刻决定与我同行，踏上品类称王之路的你！

半年破局，三年称王——让我们一起，把这个承诺变成现实。

"品类称王战略" 方案班

先抢再霸，半年破局，三年称王

抢品类
升级替代

心智出发
市场出发
技术出发

抢定位
不二之选

对立第一
特性第一
地位第一

抢爆品
引爆品类

超级单品
超级定价
超级背书

霸品牌
马上就买

取好名字
视觉符号
传播口号

霸营销
一推即爆

精准切入
精准引爆
精准复制

霸品类
品类主宰

强化第一
进化迭代
分化主导

二、学习方式：

方案班围绕六大核心模块，通过"学、练、演、评、行"五大环节构建，提供沉浸式学习体验：

- 学：方法精讲＋案例深析，掌握品类称王核心方法论
- 练：作业巩固＋工具实操，实现理论向实战能力转化
- 演：成果展示＋需求洞察，模拟心智调研及市场分析
- 评：同学互评＋老师点评，获取多维度反馈改进建议
- 行：行动突围＋品类称王，推动课堂到落地无缝衔接

三、学习价值

- 掌握品类称王方法论，突破同质化竞争困境
- 构建品牌增长新引擎，助半年破局三年称王
- 升级战略思维新模式，成为行业规则新领袖

四、学习对象

- 企业决策人：有担当、有梦想的企业董事长、总经理
- 企业特征：年营收千万以上或高成长潜力，渴望打造自主品牌、摆脱同质化竞争
- 重点行业：食品药品、餐饮饮料、家居建材、电子产品等领域

五、授课老师：张少华

六、联系方式

助理微信　　　　　　　　　　老师微信

致谢

当《品类称王战略》终于完稿之际，回首这段充满挑战与收获的创作历程，我的心中充满了感恩。

这本书的诞生源于我对品类战略的多年思考，但若没有众多良师益友的指引与帮助，它绝不会呈现出今天的模样。

首先，我要向学术界的领路人们表达由衷的感谢。我在北京大学的硕士导师、北大国家发展研究院 BiMBA 商学院前院长张黎教授的专业指导，不仅让我在学术研究上获益匪浅，更在品类制胜、品牌营销等领域的思考上给予了独到的见解。中国人民大学区域国别研究院院长、国际关系学院副院长翟东升教授深邃的战略见解，为本书的国际视野提供了宝贵的启迪。

其次，我要向中国商业课程打磨专家夏晋宇老师表达最崇高的敬意，您深邃的行业洞察与精准的课程指导，不仅让本书的学术高度得以提升，更赋予了实践方法论以独特的生命力。您对课程打磨的一丝不苟与无私奉献的精神态度，时刻激励着我在探索的道路上不断前行。感谢磨课学院黑鲨老师团队为磨课会搭建的磨课平台，这片沃土为课程的萌发与迭代提供了珍贵的养分。特别感谢超级转化率特种兵陈勇老师、市值管理专家徐朝华老师、数据经营专家熊鸣老师、视觉符号专家蒋桦伟老师和 AI 专家周龙老师，你们每一条的建议都如同及时雨，滋润了我思想的土壤，让这本书的内容愈发厚重而丰盈。你们不仅是学术道路上的良师，更是心灵成长的挚友。

另外，特别感谢中国最大的民营商学院博商学院曾任伟院长，您不仅提供了宝贵的专业建议，同时提供了实践平台，让品类称王的理念得以在市场中验证且完善。在博商这个"民企成长加速器"的大舞台上，理论与实践的碰撞迸发出了无数智慧的火花，这些都成为了本书最为宝贵的财富。

与此同时，感谢北大、复旦、交大、浙大等知名高校提供的实践平台。正是在这些学术殿堂的沃土上，品类称王的方法论得到了更广泛的检验和认可。每一次课堂上的思想碰撞，每一次讨论中的灵感迸发，都为本书的理论框架增添了坚实的基石，也为书中的案例分析提供了丰富而真实的素材。

此外，我要向所有总裁班的同学们致以最诚挚的谢意。你们不仅提供了丰富的实践案例，更以亲身经历验证了品类称王理论的有效性。你们在商海中搏击的故事，你们面对挑战时的智慧与勇气，你们在成功路上的坚持与创新，构成了本书最生动、最有说服力的部分。是你们让我看到了理论与实践相结合的美妙力量，也让我更加坚信品类称王之路的价值与意义。

我还要向所有未来的读者致以诚挚的感谢与敬意。正是因为你们对《品类称王战略》的关注与期待，这本书才有了存在的价值和意义。每一位投入时间阅读本书的读者，都是品类称王理念的传播者与实践者。你们的反馈、思考与实践尝试，将使品类称王的理论不断丰富与完善。我深信，当理论与实践相结合，当思想与行动相互启发，中国企业的品类称王之路将更加宽广而光明。感谢你们选择与我一同探索品类称王的奥秘，期待这本书能为你的企业发展带来实质性的帮助与启发。

同时，我要特别感谢我的团队成员：刘晴老师、朱卫芬老师、唐蓉老师以及其他同事们。是你们夜以继日的辛勤付出，才使得这本书从最初的构思到最终的成稿得以顺利完成。你们不仅是我专业上的战友，更是精神上的支持者。每当我陷入创作的困境，是你们的鼓励与坚持让我找到了前进的勇气；每当我对某个观点产生迷惑，是你们的建议与智慧让我豁然开朗。这本书的每一页中都凝结着你们的心血与智慧，没有你们，就不会有今天的《品类称王战略》。

最后，我要向我的家人表达最深切的爱与感谢。在漫长的磨课与写作过程中，你们的理解与支持是我最坚实的后盾。即使磨课与创作占据了本该与你们共度的宝贵时光，你们依然给予我最温暖的拥抱与最坚定的支持。你们是我生命中最温暖的港湾，也是我创作道路上最强大的精神支柱。因为有你们无条件的支持，我才能无所畏惧地追逐梦想，全身心投入到"品类称王战略"课程打磨与本书的创作中。

每一位在这段旅程中给予帮助的人，都是这本书不可或缺的贡献者。正是你们的集体智慧与无私分享，才使得《品类称王战略》能够从理念走向现实，从理论走向实践。这不仅是一本书的诞生，更是一种商业智慧的传承与发扬，是我们共同的心血结晶。

在品类称王的道路上，我们并肩同行，共同见证中国企业从模仿者到引领者的伟大蜕变。每一次的思想碰撞，每一次的经验分享，都是这段旅程中最珍贵的财富。感谢你们，让我不再孤独；感谢你们，让这一切成为可能！愿这份情谊如同品类称王的理念一样，历久弥新，生生不息。